レジリエンス入門

折れない心のつくり方

内田和俊 Uchida Kazutoshi

★——ちくまプリマー新書

262

目次 ＊ Contents

まえがき

人生には二度の危機が訪れると言われています。

ここでいう危機とは「精神的に危うい時期」のことです。

もともと人の心は、とても繊細で折れやすいものですが、特に心の折れやすい時期が人生において二度やってきます。

この時期は、とかく悩み事が多く、しかも悩みの種は多岐にわたります。

なんとなく気分が優れず、些細《ささい》なことにイライラしたり、落ち込んだり。

ついつい、あれもこれもと欲ばってしまい、なかなか一つのことに専念できず、たくさんの事に手を出し過ぎてしまったり。

はたまた、いろいろと考えすぎては行動に移せなかったり。

わけもなく気分がモヤモヤして落ち着かず、何かに焦りを感じたり。

次から次へとわきあがる雑念が邪魔をして、物事に集中できなくなり、うまく考えがまとまらなかったり……。

心と体がうまくかみあわず、否定的な考えや不安に支配されてしまったりもします。人生第一の危機は思春期に訪れます。

思春期の人たちは、多くの可能性に満ちあふれています。しかし、経済的には自立できておらず、非力な時期であるため、実際にできることといったら、ごくごくわずかなことに限られてしまいます。

このように可能性と現実の狭間で、もがき苦しむ時期でもあるのです。どんな家庭に生まれるかを始め、スタート時点から差のある人生は、この時期に一度目の「差のピーク」を迎えます。

身体的な目に見える成長の度合いに大きな差が生じる時期でもあり、よせばいいのに、ついつい外見上の比較をしてしまったり、さらには、明確な尺度のない幸福度や充実度の比較にも心を奪われてしまいがちです。

焦ってはカラ回りの連続で、すべてが嫌になり、何もかも投げ出してしまいたくなることもあるでしょう。

ゲームのように簡単にリセットできればよいのですが、人生はリセットができません。それが分かっているからこそ、余計に「イラだち」や「やるせない思い」、「やり場のない怒り」が強くなってしまうのかもしれません。

ただ、この危機という壁は、なぜか私たち全員が必ず乗り越えられるようにできています。そして、この危機という壁を乗り越えて人は成長し、それに伴い喜びや幸せを手にする機会が増えるのです。

そして、人生第二の危機は中年期に訪れます。つまり皆さんの親の世代です。

この頃になると、体力の衰えを切実に実感するようになります。

そして、多くの夫婦が倦怠期《けんたいき》に突入します。

また、様々な限界が見えてきますので、この先の人生が、ある程度、予測できてしまうのです。

家のローンや子供の学費、老後の蓄えも考えなくてはいけませんので、経済的にも余裕のない時期になります。つまり大人ならではのお金の悩みが増えるわけです。

親というものは子供が心配で心配でなりません。

男の子であろうが女の子であろうが、優等生であろうが、やんちゃな子であろうが、皆さんがどんな子であっても、親は子供に関する心配事を見つける天才です。

それに加え、勤め先でも責任は増し、仕事だけでなくプライベートでも、なぜか予期せぬトラブルが多発します。老いた親の介護問題を抱えたり、近隣とのもめ事が発生したり……。

健康上の問題を抱える確率が急増するのもこの頃です。

不安や心配事を挙げたら本当にキリがありません。

実は著者である私も、まさにこの時期に当たります。

この中年期、気晴らしのひとつとして、私たち大人は、皆さんのような若者を見るたびに空想するのです。

「あの頃に戻れたらなぁ……」

もちろん、あの頃とは思春期のことです。

人生第一の危機は、乗り越えてしまえば、大切な思い出に変わります。たとえ、そのときはどんなに苦しくても、それは甘美な思い出に変わってしまうのです。

ただ残念なことに、私たち大人が、もしあの頃に戻れても、人生のやり直しはできないでしょう。

同じ誘惑に負け、同じことに尻込《しりご》みし、無駄なことに時間やお金やエネルギーを費やし、多くのチャンスを逃すことになるはずです。

もし、上手にやり直したいのなら、ある条件が必要です。

それは、今の知恵を持って、あの頃に戻ることです。

もし今の知恵を持って、あの頃に戻れたら、もっともっと素晴らしい夢にまで見た理想の人生を送れることは確実です。もしかしたら世界制覇だってできるかも……。

こんな「たらればの話」はナンセンスですね。私は「あの頃」には絶対に戻れないんですから。

でも読者の皆さんは、本書の内容を実践すれば、私が今の知恵を持って、青春時代に戻ったのと同じような体験ができるはずです。

今よりはるかに人生がうまくいくようになります。

未来の自分がタイムマシンに乗って今あなたのもとに戻ってきて、親身にアドバイスをしてくれているような感覚で本書を読み進めてみてください。

私はサラリーマン生活を経て、一五年前まで英語塾の経営と予備校の講師をしていました。そのときは教科指導に加え、心が折れかかっている小中学生、高校生、浪人生の精神的ケアもしていました。

今は人材育成コンサルタントとして主に社員研修を行っています。

また、その業務と並行して、カウンセリングも行っていて、心がくたびれてしまった人たちのメンタル面のサポートも行っています。

本書では、塾経営、予備校講師、そして研修やカウンセリングでの実体験をもとに、思春期特有の様々な悩みやトラブルに対し、どのように対処すればよいのか、それをキッカケにどのような成長ができるのかを解説します。

逆境や失敗から立ち上がるヒントや勇気を手にしていただければ幸いです。

第1章　レジリエンスって何？

レジリエンスって何？

「レジリエンス（resilience）」は、私たちがよく知っている「ストレス（stress）」と同様に、もともとは物理学用語だったものです。それがその後、心理学用語として使われるようになりました。

物理学用語としての「ストレス」は「外圧による歪《ゆが》み」という意味です。それに対し「レジリエンス」は「その歪みを跳ね返す力」として使われています。嫌なこと、辛いこと、悲しいことを経験すると私たちの心はへこんだり、途中でくじけそうになったり、落ち込んだりします。そんな嫌な気分をもとの正常な状態に戻す力が「レジリエンス」なのです。

また、予期せぬ事態に遭遇すると、私たちは動揺して混乱したり、途方にくれたり、不安に襲われたりします。そんなとき力になってくれるのもレジリエンスです。

レジリエンスによって、冷静さを取り戻すことができるのです。

レジリエンスは、マイナスの状態を正常に戻すだけではありません。正常な状態をプラスに変えてくれる力も持っています。

例えば、あなたが何か大きなチャレンジを前に尻込みしているとしましょう。そんなあなたの背中をそっと優しく押してくれるのもレジリエンスなのです。

心理学用語としてのレジリエンスは「精神的回復力」「復元力」「心の弾力性」などと訳されることが多いのですが、もう少し分かりやすく表現すると「目の前の逆境やトラブルを乗り越えたり、強いストレスに対処することができる精神力」のことです。

私の研修や講演では「メンタルタフネス」「ストレス耐性」「心の自然治癒力」と表現することもあります。

レジリエンスは特別な力ではない

私は個人的には、レジリエンスを「心の自然治癒力」と表現することが好きです。

その理由は、一部の人だけが持っている何か特別な力ではなく、もともと誰《だれ》にでも備わっているいる身近なものだからです。

心の自然治癒力が高まれば、落ち込んでも立ち直りが早くなるなど、マイナスの感情から回復する力が強まります。精神も安定しますので、集中力が高まり、その状態を長く維持することが可能になります。気力も充実してきますので、何事にも積極果敢にチャレンジしようという意欲も高まるのです。

レジリエンスを「心の筋肉」と表現する人もいます。筋肉がない人はいませんので、これも的確な表現だと思います。

「自然治癒力」と「筋肉」には、共通の特徴があります。

それは次の二点です。

① 個人差が大きい

② 鍛えれば強くなる

自然治癒力に関して言えば、例えば、カゼをひいてもひと晩ぐっすり眠れば、すぐに治ってしまう人もいます。ところが、一度カゼをひいてしまうと、冬の間中ずっと咳《せき》はコンコン、鼻はグジュグジュなんて人もいます。ただ、いつか必ずカゼは治ります。どんな人にでも自然治癒力は備わっているからです。

食事や運動を始めとした生活習慣を見直すことによって、自然治癒力は確実に高めることができます。

一方、夜更かしや暴飲暴食など不摂生《ふせっせい》な生活を続けていると、自然治癒力は弱まってしまいます。また、間違った健康法は、かえって体に害を与えてしまいます。

筋肉だって同じです。マッチョの人もいれば、ガリガリの人もいます。筋肉がつきやすい体質の人もいれば、筋肉がつきにくい体質の人もいます。

ただ、鍛えれば必ず筋肉量は増え、筋力を強くすることができます。

一方、さぼれば筋肉量は減り、筋力も衰えてしまいます。

また、鍛え方を間違えれば関節を痛めてしまうなど、かえって逆効果になってしまうことすらあります。

このような共通点から、私はレジリエンスを「心の自然治癒力」と考えても「心の筋肉」と考えても、どちらでも構わないと思っています。

いずれにしろ、正しい「やり方」で鍛えれば、確実に強くなります。

心は体のどこにある?

研修や講演で、ここまで話をすると必ず出てくる質問があります。

「それでは、その心の自然治癒力を高めるには、どのようなことをしたらいいのですか?」

その答えを発表する前に、ひとつハッキリさせておかなくてはならないことがあります。

「心って体のどこにあるのでしょう?」

これが分からなければ、鍛えようがありません。

すでにご説明したように、レジリエンスという心の自然治癒力は、筋肉と同じで鍛えれば鍛えるほどたくましくなります。ただ、心が体のどこにあるのかが分からなければ鍛えようがないのです。

例えば、男性に人気の大胸筋《だいきょうきん》。マッチョが嬉《うれ》しそうな顔をして誇らしげにピクピクさせるあの胸の筋肉です。

腹筋運動やスクワットを死ぬほどやっても、残念ながら大胸筋には何の変化もありません。大胸筋にきくトレーニングを行わなければ、当然のことながら大胸筋は大きくなりません。

繰り返しますが、心って体のどこにあるのでしょう?

幼い子供に尋ねれば、恐らく胸のあたりに手を当てるでしょう。昔の人たちも心は胸のあたりにあると考えていたようです。

徒競走のスタート直前の心臓バクバク。大勢の前でスピーチをするときや試験開始直前の心臓ドキドキ。好きになった人を思い浮かべただけで、何だか切ない気分になり、胸がキューーッとするあの感覚……。

そんな身近な実感から、幼い子供や昔の人たちは、心は胸のあたりにあると考えたのでしょう。

しかし、読者の皆さんは、直感的には胸のあたりをイメージしたものの、よくよく考えてみれば、やっぱり脳だよなと思うのではないでしょうか。

もちろん正解は「脳」です。具体的には、脳の「大脳辺縁系」と「前頭前野」と言われる部分になります。

緊張や興奮したときに心臓の鼓動が速くなったり大きくなったりするのは、異常事態に備え、体の各部の筋肉に血液を送り込むために、脳が心臓に指令を出した結果です。

私たちの気分や感情を生み出しているのも、もちろん脳の働きです。

例えば、心の病の代表格として挙げられるうつ病ですが、うつ病は医学的には脳の機能障害と定義されています。

ストレスが主な原因となり、脳内の神経伝達がうまくできなくなり、その結果、脳が本来の働きをすることができなくなってしまっている状態を「うつ病」と呼んでいます。

鍛える部位が分かったら後は実際に鍛えるだけ

気分や感情は脳がつくりだしているものであり、心は脳にあるということが分かれば、レジリエンスを高めるためには、脳を鍛えればよいということになります。

すると多くの人が真っ先に思い浮かべるのが、「脳を鍛える＝勉強する」という図式ではないでしょうか。

ご安心ください。学校の勉強とは全く違うやり方で脳を鍛えますから。

もし「脳を鍛える＝勉強する」という図式が成立するのなら、学校の成績が良い人という意味での「頭のいい人」が、メンタル的に強いということが言えます。

果たして、そうなんでしょうか。ちょっと身近な人たちに目を向けてみてください。いわゆる成績優秀者はメンタルが強そうですか？

私の経験から言えば、もちろん例外もありますが、学校の成績が良い人は、メンタルの弱い人が多いです。なぜなら日本の学校教育がメンタルを弱くしているからです。

実は、レジリエンスを鍛えるための脳の使い方は、学校の勉強で求められる脳の使い方とは正反対のものです。全くの別物と考えてください。

学校の勉強の中心は、知識量を増やすことです。

また、日本の試験は、膨大な量の問題を短時間で解くことを求められますので、試験対策の勉強としては、数多くの例題に取り組むことが必要です。

つまり、似たような問題を、とにかくたくさん繰り返し解くことによって、同じような問題に慣れることが大切なわけです。

同じ視点を徹底的にたたき込むわけですから、これを長く続けていると、同じ方向から物事を見るクセがついてしまいます。

これは悪く言ってしまうと、「思考停止」の状態です。

特に中学・高校の数学は、良く言えば「条件反射的に」、悪く言えば「あまり深く考えずにパターン化で」問題を解けるようにする訓練です。

現実問題として、じっくり考えていたら時間切れになってしまうような問題量の多さですから、今の試験の仕組みに対応するためには、こういった勉強方法を続けるしか仕方がありません。ただ、こういった頭の使い方ばかりしていると、どんどんレジリエンスは弱くなってしまいます。

学校の勉強とは異なり、レジリエンスを高める脳の鍛え方は、知識を増やすのではなく、視点を増やします。

言いかえると、一つの出来事や事実を多くの異なる視点から違う見方をする訓練です。

これこそが脳つまり心を柔軟にします。それによって、しなやかで折れにくい心が育っていくのです。

具体的には本書の中心部となる第3章で説明していきます。

ここでは、レジリエンス（心の自然治癒力）を高める勉強方法は、学校の勉強方法とは全く違うんだということだけおさえておいていただければ充分です。

学校の勉強とは異なり、退屈な作業ではありません。目から鱗《うろこ》の連続で、ワクワクするような楽しい作業であるということもお伝えしておきましょう。


ちょっとだけ視点を増やす練習をしてみます

少しだけ難しい話をさせてください。

大人たちは、よく「何が良い」とか「何が悪い」とか、いろいろな物事を判断しますよね。

判断という行為は、一方通行の「モノの見方」の典型です。

まず、ある一つの判断基準や価値尺度でモノの見方を固定します。

その基準や尺度に基づいて、何が良くて何が悪いのかという判断を下していきます。

学校教育の価値尺度だと、また世間一般の判断基準でも、「強い＝良い」「弱い＝悪い」というふうに考えられています。

理想に近づくためには、弱点を克服しなくてはいけないという考えが日本の教育の中心にあり、それに基づく指導が、長い間ずっと続けられてきました。

弱点や悪い部分にばかり目を向けられると、私たちは、どうなりますか？

あまりいい気分はしないはずです。たいていの場合、萎縮《いしゅく》してしまい、行動もにぶる傾向があります。

その反対に良い部分に目を向けられたら、どうでしょうか？

長所や優れた部分に目を向けられると、気分がよくなるはずです。

それだけではなく、私たちはそれをもっと良くしようという前向きな気持ちになり、行動が活発かつ積極的になる傾向があります。

レジリエンスは、視点を増やし、柔軟な発想を養うことによって強化されます。

ここで少し内容を先取りして、事実に対していろいろな見方をする練習をしておきましょう。

勉強が得意か苦手か。そしてメンタルが強いか、それとも弱いか。この条件の組み合わせから生まれる四つのタイプを、今から視点を変えることによって、それぞれの「良さ」を見つけていきます。

① まず、学校の成績が優秀で、なおかつメンタルも強いという人がいます。私からすれば、うらやましい限りです。もう、このタイプの人は全く言うことなしです。最強です。外見が良くないことを切に望みます。

② 恐らくこの本を手に取っている方で最も多いのが、学校の勉強に関しては平均以上ではあるけれど、ちょっとメンタルに問題ありという人ではないでしょうか。このタイプの人たちは、レジリエンスを高めれば、鬼に金棒です。本書の内容を是非、実際の生活に取り入れてみてください。

③ 学校の勉強は苦手だけれど、メンタルには自信のある人もいますよね。このタイプの人は、いざというときの集中力は他のタイプを圧倒します。短期間でぐーっと成績を伸ばすことができる瞬発力を持った驚異的な存在です。また、仮に学校では芽が出なくても、実社会で成功する確率が高いです。

④ 学校の勉強が苦手で、メンタルも弱いという人もいます。

何も悪いことなんかありませんし、心配する必要もありません。だって、前述の三タイプの人たちと比べ、最も伸びしろが大きいんですから。開花を今か今かと待ち焦がれている潜在能力の宝庫です。

ちなみに私は中学生時代は②、高校生時代は④でした。メンタルに関しては、かなり弱かったです。部活の試合があるときは、前日から緊張のため食事が喉を通りませんでしたし、試験前夜は、よく便器を抱きながらゲーゲー吐いていたくらいですから。

レジリエンスを高めることによって得られる多くの副産物

レジリエンスを高めると、ストレスに柔軟に対応できるようになります。

ただ、ひとつ誤解をしないでいただきたいことがあります。

レジリエンスが高まるにつれて、へこんだり、落ち込まなくなったりするわけではありません。本書の目的は、私たち人間を感情のない機械のようにすることではありません。

ですから、嫌なことを体験すれば、当然のことですが、今までどおりちゃんとへこみます。ただ、気持ちの切りかえが早くなりますので、いつまでもクヨクヨと尾を引くようなことはなくなります。周りから見たら、落ち込んでなんかいないのではないかと思われてしまうくらいに立ち直りが早くなります。

もちろん、ちょっとした逆境や軽いストレスでしたら、へこたれなくなります。

また、ストレスやプレッシャーにうまく対処できるようになりますので、試験や試合という本番で、今まで経験したことのない驚くような力を発揮できるようになります。いわゆる本番に強い人になれるのです。

ポジティブな側面に関する感度も高まります。その結果、悲しみや苦しみは半減して、喜びは倍増します。より健全な精神状態を保つことができるようになるのです。

レジリエンスを強化することによって、自信が増し、充実度や幸福度がより高まっていることを実感できるようにもなります。

さらに、皆さんの今後に役立つ副産物を、レジリエンスを強化する過程で、たくさん手にすることができます。

第3章、第4章で具体的に説明しますので、まずは項目だけ簡単に紹介しておきます。

①勉強やスポーツ
・やる気と集中力の持続
・本番に強くなれる
②人間関係（コミュニケーション）
・自信や自己肯定感が増し、より積極的に堂々と振る舞えるようになる
・共感力や他人への思いやりが増すなどコミュニケーションがスムーズになる
③将来に役立つ
・一生の財産となる「グリット（grit）」を手にすることができる

グリット（grit）とは、成功者が持つ共通の要素として、最近にわかに注目されるようになった言葉です。

日本語にすると、ちょっと長くなってしまいますが「遠いゴールに向かって、興味や情熱を失わず、とてつもなく長い期間にわたって、継続的に粘り強く努力し続けることによって、物事を最後までやり遂げる力」のことです。

グリット（grit）は生まれもった才能や知能には関係せず、後天的に身につけること

ができるだけでなく、どちらかというと先天的な要素の強い「優れた知能」「容姿」「体力」にも勝る成功の要素としても注目されている力です。

なぜ今レジリエンスが注目されているのか?

皆さんも社会の授業で習ったと思いますが、かつての産業革命は私たちの生活の質を大幅に向上させてくれました。

そして産業革命の一番の恩恵は、私たちに多くの雇用を生み出してくれたことです。

今まさに進行中のパソコン、インターネット、スマートフォンの普及はIT革命といわれ、これも産業革命のひとつと考えられています。かつての産業革命とは比較にならないほど、ほぼ平等に世界中の人たちの生活を驚くほど便利にしてくれています。

そして最近にわかに騒がれ始めているのが、AI(人工知能)による自動化の流れです。AIの進化により、今後一〇〜二〇年で約半数の職業が自動化されるとも言われています。

ここに現在進行中のIT革命とかつての産業革命との大きな違いが存在します。

かつては雇用を生み出してくれた産業革命が、今や人間の雇用を奪い始めているのです。このことは、アマゾンや楽天などのインターネットショッピングが普及するにつれ、今まで当たり前のように近所にあった小規模な商店や書店が激減していることからも分かるでしょう。

かつての産業革命は、より多くの人たちを経済的に豊かにしてくれました。今まさに進行中のＩＴ革命は、より多くの人を便利にしてくれてはいますが、その一方で、ごく一部の人のみを経済的に豊かにし、大きな所得格差を生み出す構造をつくりだしているのです。

これからＡＩは指数関数的に進化すると予想されていますので、この自動化の流れは、ますます加速し、それに伴い、雇用は激減していくことになるでしょう。

私たちは、この全く新しいタイプの産業革命のまっただなかにいるのです。

皆さんが人生における第一の危機の山場を越え、ホッとひと息つきたい頃、就職を考えなくてはならない時期が訪れます。今後、就職の際に求められる能力や採用基準は大きく変わっていくことでしょう。

あなたはこの新しいタイプの産業革命の影響を最も強く受ける世代なのかもしれません。

これからの時代は、社会の構造が激変する過渡期です。変化やうねりの大きな混沌の時代であり、それは当然ストレス過多の時代とも言えます。

このことからも、ストレスを跳ね返し、変化に対応しながらたくましく生き抜いていくためには、レジリエンスが必要不可欠であるということをご理解いただけると思います。

ゆるゆるの昔

私が若かった頃（小中高、大学生時代、そして若手社員の頃）、世の中はゆるゆるでした。今だったら、どちらもヤフーのヘッドラインニュースになってしまうような中学高校時代のエピソードをご紹介します。

私が小中学生の頃、教師による生徒への体罰は当たり前でした。私が中学校三年生のとき、公開処刑のような出来事がありました。

当時「ツッパリ」と呼ばれていた不良集団が他校の不良集団と乱闘騒ぎを起こし、警察に補導されました。後日、補導された生徒全員が朝礼の場で生活指導の教師が持ってきたバリカンによって強制的に丸坊主にされたのです。

その後、私は下町の名門として有名な都立の進学校に入りました。入学直後（高校一年の春ですよ）、クラスコンパという集まりが催されたのですが、会場は何と錦糸町《きんしちょう》（どんな場所かはウィキペディアで調べてみてください）にある居酒屋で、制服を着たまま普通にお酒を飲んでいる同級生がたくさんいました。

今では不良校でもこのようなことはあり得ないでしょう。だいたいお店の側が高校生にお酒を提供することがありませんから。

会社に入ってからも、ゆるゆるの時代は続きました。今のように効率なんて追求されませんでしたし、利益利益なんてうるさく言われることもなかったので、けっこうお気楽なものでした。

ただ、その一方で「セクハラ」「パワハラ」という言葉すらありませんでしたので、今だったら考えられないような犯罪まがいの行為も横行しており、特に私のような超絶ブラック企業に勤めていた人間は職場で嫌な思いをたくさんしたものです。

例えば、月一〇〇時間以上のサービス残業なんて当たり前。地方の支店に行けば、怒鳴り声をあげながらゴルフクラブや野球のバットを振り回している部長までいました。四字熟語にしたら「阿鼻叫喚《あびきょうかん》」。今なら、警察に通報すれば即逮捕してもらえるでしょう。

そして大の嫌煙家である私は今でも思い出すだけで発狂しそうになりますが、学校の職員室や会社のオフィス内、さらには新幹線や飛行機の中でさえ平気でタバコをふかしているおじさんがたくさんいました。タバコに関しては、今でもまだまだマナーの悪い人がたくさんいて困りますが……。

また、私はバイクが好きなのですが、私が中学生の頃は、当時「ラッタッタ」と呼ばれていた今のスクーターは、ノーヘルでも（ヘルメットをかぶらなくても）平気な時代でした。

ところが、私が原付免許を取って実際にスクーターに乗れる頃になると、ヘルメット着用の義務化が厳しくなりました。

今では通学用の自転車に乗るときにもヘルメットをかぶらなくてはいけない時代のようですね。私たちの中学高校生時代、もしヘルメットをかぶって自転車通学したら、近所でも有名な変わり者として有名になってしまったことでしょう。まあ、それ以前に親や兄弟に「恥ずかしいから絶対にやめてくれ」と断固阻止されたでしょうが……。

キツキツの今

今や状況は一変しました。

先の例であれば、学校教育法、未成年者飲酒禁止法、労働基準法、健康増進法、道路交通法の改正や制定によって処罰が厳格化されていきました。

脅かすようで本当に申し訳ないのですが、物事は一旦《いったん》ある方向に舵《かじ》を切られると、その流れは歯止めがきかなくなります。つまり、法律や規則やルールは、今後ますます厳格化されていくことになるでしょう。

法律や規則やルールの厳格化にはメリットとデメリットがあります。

メリットは、社会の秩序が整い、世の中は健全になっていきます。

例えば、感情のコントロールができない理不尽で未熟な教師や上司におびえる必要もなく安心して学校や会社に通えるようになります。マナーの悪い教師や上司の副流煙による不愉快な感情や健康被害からも解放されます。それはとても好ましいことです。

そういった意味では、法律や規則やルールは、とても大事なものと言えます。

ただ一方で、法律や規則やルールが多すぎるのは考えものです。

私たちは、がんじがらめにされてしまうと、とても窮屈に感じます。キツキツの社会は精神的に大変です。疲れます。

校則をイメージしていただければ分かりますよね。ゆるすぎるのもダメですし、キツすぎてもダメです。

今と昔の中間くらいが、ちょうどいいのかもしれません。

少なくとも、もうこれ以上、厳格化が進むと、ちょっと窮屈すぎて息苦しくなります。

また、規制が多いがんじがらめの世の中では、若い人たちが何か新しいことを始めようという意欲や率先して何かを行おうという自主性も損なわれてしまいます。

「あれもダメ」「これもダメ」ばかりでは、何をしたらいいのか分からなくなってしまい、結局は何もしないという選択肢しか残らなくなってしまいますから。

ただ、これからの世の中は、ますます厳格化が進みます。そして、皆さんが人生第一の危機を乗り越えても、心配事や苦労がなくなるわけではありません。皆さんのもとには、これからも難局や課題が次々と波のように押し寄せてきます。

今後予想されるキツキツの世の中をスイスイと涼しい顔で渡り歩くためにも、「しなやかでたくましい心」つまり「レジリエンス」は必須です。

第2章　何が私たちを嫌な気分にさせているのか？

何が私たちを嫌な気分にさせているのか？

私たちは、日々いろいろな場面で、落ち込んだり、腹が立ったり、悲しくなったりしますが、そんなふうに嫌な気分になってしまう主な原因って何なのでしょうか？

恐らく即答で以下のような具体例が出てくるのではないでしょうか。

・テストで悪い点を取った
・部活でレギュラーに選ばれなかった
・友達とケンカをした
・親や先生に怒られた
・犯罪、不祥事、不景気などの嫌なニュース

一般的には、私たちの身のまわりに起こるネガティブな出来事が、私たちを嫌な気分にさせていると考えられています。

確かに、私たちは、ネガティブな出来事や情報に遭遇すると、嫌な気分になります。少なくとも明るい気分にはなれません。

ちなみに反対の例も、簡単にご紹介しておきましょう。

・応募した懸賞に当たった
・資格試験に合格した
・意中の人から告白された
・親や先生にほめられた
・久しぶりに訪ねてきた親戚から思いがけずお小遣いをもらってしまった

このようにポジティブな出来事に遭遇すると、私たちは嬉《うれ》しい気分になります。

そして、このような体験を通じて、身のまわりに起こる様々な出来事が私たちの気分や感情をつくりだしているという考えができあがります。

体験を通じてつくりあげられた考えは、もしかしたら、それは誤った思い込みであるのかもしれません。

しかし、一旦できあがってしまった考えは、常識とか当たり前のこととして定着してしまい、その後、疑問を抱くようなことはなくなってしまいます。

レジリエンスを高めるためには、今までとは違った見方をすることが求められます。

改めて、ここで考えてみたいことがあります。

果たして、本当に私たちの気分や感情は出来事がつくりだしているのでしょうか。*

＊ここで、「気分」と「感情」の違いについて説明しておきます。
気分は「良い（快）」か「悪い（不快）」というようにシンプルに二つに分類することができます。それを細分化したものが「感情」です。

例えば、「悪い気分」を細分化したものが、「怒り」「悲しみ」「不満」「嫉妬《しっと》」「恐怖」「憎悪」「落ち込み」「後悔」「不安」「寂しさ」などの「マイナスの感情」となるわけです。

ですから、本書では「気分」と「感情」は、ほぼ同じ意味（「気分」≒「感情」）で使っていると考えていただいて構いません。

エリスのＡＢＣ理論

アルバート・エリスは、この一般的に信じられている「出来事が私たちの感情をつくりだしている」という考えに疑問を投げかけた心理学者です。

心理学では有名な「エリスのＡＢＣ理論」をご紹介します。

ＡＢＣ理論とは、ＡＢＣで始まる英単語の頭文字を取って名づけられた理論です。まずは単語の説明から入ります。

「Ａ」は、Affairs の頭文字。「出来事」という意味です。

「Ｂ」は、Belief の頭文字。直訳は「信念」ですが、ここでは「考え方のクセ」「物事のとらえ方」「出来事に対する解釈」という意味で使っています。

「Ｃ」は、Consequence の頭文字。直訳すると「結果」という意味ですが、結果として、どんな「気分」になったか、またはどんな「感情」が生まれたかという意味で使っています。

エリスは、私たちが抱いているＡ（出来事）がＣ（気分や感情）に直結するという考え方に疑問を投げかけました。

エリスは、Ａ（出来事）がＣ（気分や感情）にダイレクトに作用するのではなく、Ａ（出来事）が、Ｂ（その出来事をどう解釈するか）というフィルターを通して、Ｃ（気分や感情）という結果が生まれていると考えたのです。

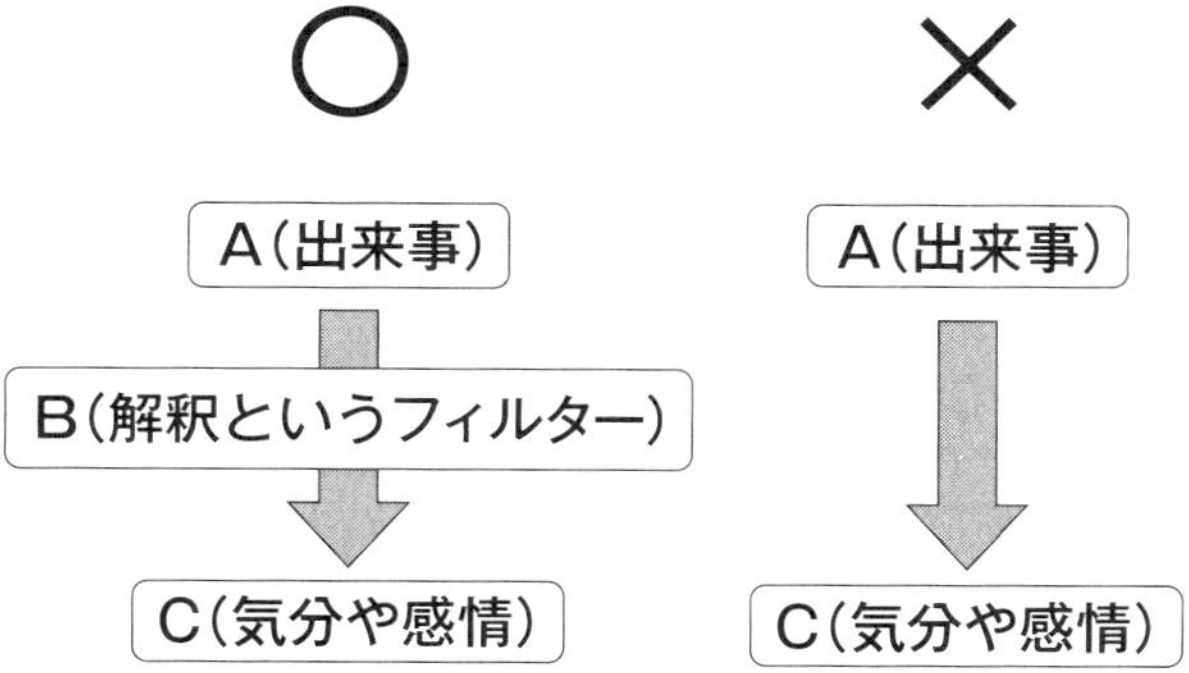

気分や感情が生まれる仕組み

例えば、ある人が野良猫にエサを与えている光景を見て、慈悲深い行為だと考え（思考）、心が和んだり、感動したりする人がいます。この場合、最終的にプラスの（ポジティブな）感情が生まれています。

しかし、その一方で、無責任な行為だと考え（思考）、不愉快に感じたり、怒ったりする人もいます。こちらの場合、先ほどとは異なり、最終的にマイナスの（ネガティブな）感情が生まれています。

現実問題として、全く同じ出来事に遭遇しても、このように人それぞれ感情が異なるケースがあるのです。

私たちが抱いている「出来事が私たちの感情

をつくりだしている」という考え方では、このような感情に個人差が生じるケースの説明はできません。

ところが、エリスのＡＢＣ理論では、感情に個人差のあるケースにおいても説明がつくわけです。

具体例を使ってＡＢＣ理論を検証する

ここまでの説明では、まだ分かったような分からないような……という方もいらっしゃると思います。

今から、さらにもう一つ具体例を挙げて、詳しく説明をしていきます。

親や先生、友達や先輩から、よく言われる「がんばってね」という声かけがあります。その言葉がけに対する代表的な三通りの解釈をご紹介します。

もちろん状況や言い方にもよりますが、「ダメ出し」をされているというネガティブな受け止め方（Ｂ）をする人がいます。

今のあなたのがんばりは、まだまだ十分ではありません。だから、もっともっと、がんばらないとダメですよ的な解釈です。

その他にも、「突き放された」または「見放された」という解釈（B）をする人もいるでしょう。

このようなB（解釈）があると、C（結果）として、嫌な気分になります。

よく精神的にまいっている人に対して「してはいけない声かけリスト」の最初に「がんばってね」が挙げられるのも、このような理由があるからです。

一方でポジティブな解釈（B）をする人もいます。

「がんばってね」という声かけは、優しさや愛情など一〇〇％の善意から生まれていて、私に対する期待の言葉だと受け止めるような人たちです。そのような解釈をすれば、嬉しい気分（C）になります。

比率としては低いかもしれませんが、非常に冷静な受け止め方（B）をする人もいます。

「がんばってね」という言葉は、「こんにちは」とか「さようなら」と同じで単なる時候の挨拶であって、発言者に何ら特別な意図はない。そう解釈する人です。

このような場合、気分に特段の変化はあらわれないでしょう。

このように「がんばってね」という声かけひとつを例にとっても、その言葉に対する解釈が異なれば、結果としての感情も変わってくるわけです。

つまり、出来事が私たちの感情をつくりだしているのではなく、その出来事に対する私たちの解釈が感情をつくりだしているというのが「エリスのＡＢＣ理論」なのです。

かつてメンタルの問題には常にあきらめ感が漂っていた

エリスのＡＢＣ理論にも関連するところですが、全く同じ状況に遭遇しても、ほとんどストレスを感じない人もいれば、強くストレスを感じる人もいます。

普通の人であれば、とても耐えられないようなストレスを受けているのにもかかわらず、何事もなかったかのようにケロッとしている人がいます。その一方で、それほど強いストレスを受けているとは思えないのに、立ち直れないほど落ち込む人もいます。

また、一般的に、おおらかな人はストレスに強いと考えられていますし、私のような神経質な人間は、ストレスに弱いと考えられています。

このように、ストレス耐性が高い（メンタル的に強い）とか低い（メンタル的に弱い）とかは個人差が大きいため、これまで長い間、メンタルに関する諸問題は性格や体質の問題として扱われてきました。

つまり、性格や体質とは生まれつきの問題であって、そう簡単に変えられるものではないという「あきらめ感」が、どことなく漂っていたのです。

確かに性格で片づけて、あきらめてしまうのは簡単です。でも私はあきらめたくありません。

二九ページでご紹介した「グリット（grit）」もそうですが、最近では非常に喜ばしい考えが次々と生まれてきています。それは、かつては生まれつき、つまり先天的なものとして扱われてきた多くの問題が、そうではなく後天的に身につけられる、言いかえれば、自分の意志や行動によって変えられるんだという考えです。

実は「性格」というものは、実体をつかめず抽象的なままだと得体の知れない不気味なもので、どう改善したらよいかも分かりません。そうすると、結局、あきらめる方に気持ちが傾いてしまいます。

しかし、「性格」というものを具体的にとらえることができるようになると改善可能なものへと変わっていくのです。

性格とは？

私は研修や講演で管理職の方々に、よく次の質問を投げかけます。

「すでに分別がつく世代である中学生や高校生に「性格って何？」と訊かれたら、皆さん、どう答えますか。どなたか納得のいく説明をしてみてください」

すると、「人それぞれ」「十人十色」くらいが精一杯の答えで、今まで、ちゃんと答えることができた人は、ほとんどいませんでした。

ふだん何の疑問もなく当たり前のように使っている「性格」という言葉ですが、ほとんどの人が、正体をつかめていないのです。本当に不思議なもので、言葉の意味を分かっていないのに、分かった気になって使っているだけなのです。

ここまで本書を読み進めてきた皆さんでしたら、「性格とは何？」と質問されたら、恐らく「人それぞれの物事のとらえ方」と答えることができるでしょう。

ただ、そこまでだと、まだ不十分なんです。

例えば、三省堂の『新明解国語辞典』によると、「物の考え方・感じ方や行動によって特徴づけられる、その人独特の性質（の傾向）」とあります。

他の辞書を調べても、表現こそ異なりますが、内容はほぼ同じです。

分かりやすく説明すると、「性格」とは「思考」「感情」「行動」の組み合わせ（人それぞれのパターン）というわけです。

つまり全く同じ状況に遭遇しても、それをどうとらえ（思考）、その結果、どんな感情に陥り（感情）、そして、その後にどう対応するか（行動）。それは、人それぞれ異なります。

この「思考」「感情」「行動」という三つの要素の組み合わせ、またはパターンを私たちは性格と呼んでいるのです。

性格とはエリスのＡＢＣ理論の延長線上にある

エリスのＡＢＣ理論では、「思考」（私たちの身のまわりに起こった出来事に対する解釈）

から「感情」が生まれるという性格の前半部分を扱っていました。

ただ、性格とは、そこでは終わらず後半部分があります。

それが「行動」です。つまり、その「感情」の後に、どんな「行動」をとるかまで含めて「性格」と定義しています。

例えば、かなり気合いを入れて、ずいぶん前から周到に準備して試験に臨んだとします。ところが、返ってきた結果は、まったく予想もしていないほど悪いものだった。

そんな出来事（A）があったとします。

たいていの人は「努力が報われなかった」と解釈（B）しますので、気分（C）は「落ち込む」はずです。

ここまでが「性格」の前半部分に該当します。

ただ、「落ち込む」「がっかりする」など感情は同じであっても、そこからの対応（行動）は人それぞれです。

・自暴自棄なって勉強をあきらめ、恋愛や遊びに走ってしまう人
・勉強はそこそこにして、音楽やスポーツに力を注ぐようになる人

・何がいけなかったのかを徹底的に検証して、勉強方法を根本的に変えるなど、さらに勉強にはげむ人

このように全く同じ感情に陥っても、その後、どのような行動に出るかは人によって異なります。

この後半部分までを含めて、人それぞれの組み合わせやパターンを、私たちは「性格」と呼んでいるのです。

この「思考」「感情」「行動」のことを性格を構成する三要素と言います。

三要素を二つのグループに分類する

さて、ここで皆さんに質問があります。

性格を構成する三要素「思考」「感情」「行動」のうち、皆さんの意志で最も変えやすいものはどれですか。

私は、いろいろな場所で、いろいろな人に、この質問をしているのですが、最も多い答えが「行動」、次に多い答えが「思考」です。

どちらも正解です。

「行動」と「思考」に関しては、どちらの方が自分の意志で変えやすいかという順位に関しては、個人差があります。ただ、どちらも自分の意志で変えることができます。

ところが「気分や感情」は、残念ながら、自分の意志で変えることはできません。

最近よく「感情をコントロールするのは簡単です」みたいなことを言う人や本を目にしますが、感情を自分の意志でコントロールすることはできません。

だから多くの人が困ったり苦しんでいたりするわけです。マイナスの感情を思い通りにプラスの感情へと変えることができるなら、この本を手に取る必要もありません。

よくよく考えてみれば、日常の些細《ささい》なトラブルから始まり凶悪犯罪に至るまで、世の中で発生している問題といわれるもののほとんどが、感情のコントロールができなかったことに起因しています。

例えば、身近な問題に目を向けてみましょう。

私たちのコミュニケーションを難しくさせている最も大きな要因としてあげられるものに「好き」「嫌い」があります。「あの人」のことが、どうしても好きになれないから、うまくやっていけないわけですよね。これこそ、まさに感情の問題です。この「嫌い」とか「好きになれない」という感情を自由にコントロールできるようになれば、コミュニケーションに関する苦労は激減するはずです。

勉強に関しても、〝やる気〟のコントロールが自由にできないから、みんな困っているわけです。「よし、やろう！」という「気分」が〝やる気〟ですから、〝やる気〟も気分や感情の領域にはいります。これが自分の意志で自由にコントロールできれば、勉強は計画どおりに進み、成績も楽に伸ばせるようになるはずです。

スポーツに関しても、感情のコントロールは大きな課題となっています。

どんなスポーツにも共通して言えることですが、フィジカル面での能力（身体能力）は極めて高いにもかかわらず、感情の制御ができずに自滅する選手がたくさんいます。もし試合中に感情のコントロールが上手にできれば、それだけで試合の流れ、さらには結果も大きく変わってくるはずです。

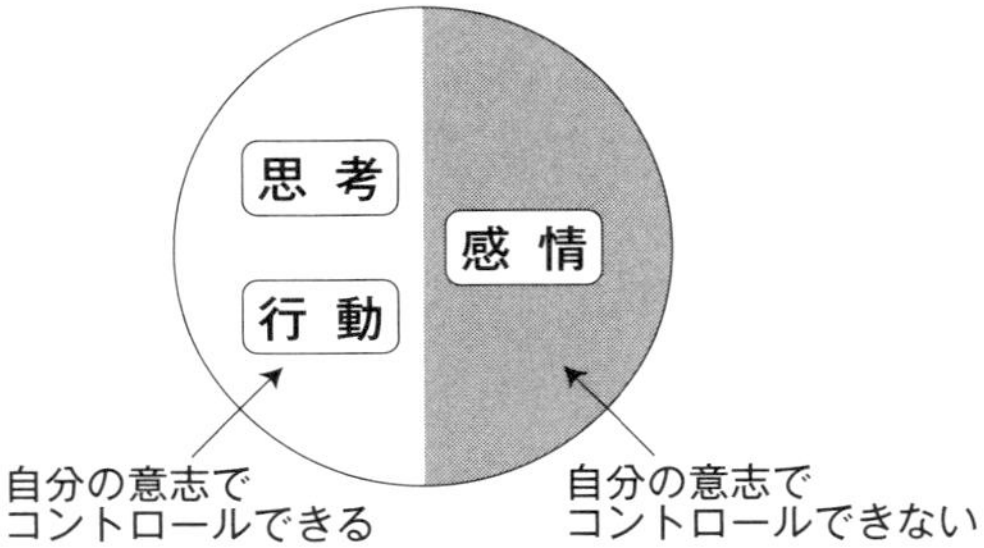

性格を構成する三要素

三要素は連動する

前項では「思考」「感情」「行動」という性格を構成する三要素を「自分の意志でコントロールできるもの」と「自分の意志でコントロールできないもの」という二つのカテゴリーに分類しました。

本書のテーマである「レジリエンス」は、もちろん「気分や感情」に関する領域ですので、「自分の意志でコントロールできないもの」に分類されます。

つまり、「気分や感情」に対して、どんな働きかけをしても、希望どおりに変えることはできないということになります。ということは、一般的な発想では手詰まり状態、言いかえれば、ここでお手上げということになってしまいます。

しかし、あきらめる必要は全くありません。なぜなら、「気分や感情」を直接コントロールすることはできませんが、間接的にコントロールすることは可能だからです。

というのも、性格を構成する三要素には、見逃すことのできない面白い特徴があります。その特徴とは、連動性があるということです。つまり、三要素のうち、どれか一つでいいのでポジティブな方向に変えることができれば、残りの二つの要素もつられてポジティブな方向に向かうのです。

もちろん、どれか一つでもネガティブな方向に向かってしまうと、残りの二つの要素も連動してネガティブな方向に向かってしまいます。

最も分かりやすいのは、「気分や感情」と「行動」の連動性でしょう。気分がよければ、行動は活発にそして積極的になります。その逆もしかりです。

自分自身を振り返っても、身近にいる人たちの様子を見ていても「私たちの日々の行動は気分次第だ」ということを、皆さんはよく知っているはずです。

ですから「気分や感情」と「行動」が連動することに関しては納得がいくと思います。

ただ、気分ほど気まぐれなものはありません。さらに困ったことに、私たちの意志で

「気分や感情」を自在にコントロールすることはできません。しかも、そのことに多くの人たちが、うすうす気づいているはずです。

それにもかかわらず、意志の力や気合いや根性で何とか「気分や感情」を変えようとし続けると、どうなってしまうでしょうか。

このように、不可能なことや無理なことにトライし続けていると、非常に辛いです。しかも、極端に疲弊します。そして、最終的には自己嫌悪や絶望やあきらめという最悪の感情に陥ってしまいます。

不可能なことに挑戦し続けることほど無駄なことはありません。ただ単に新たなストレスが生まれ続けてしまうだけです。このことが結果的にレジリエンスを弱めてしまうのです。

今から「気分や感情」は放っておきましょう。コントロール可能な「行動」や「思考」を変えることにエネルギーを注ぐ方が、はるかに賢明です。

まず「行動」を変えれば「気分や感情」も連動する

「気分や感情」が「行動」に影響を与えることに関して、私たちは、経験上よく分かっています。

ただ、その逆の「行動」が「気分や感情」に影響を与えること（連動すること）に関しては、疑問に感じている方もいらっしゃるはずです。

ここで私が高校時代に体験した「行動」が「気分や感情」に影響を与えた実例を二つほどご紹介します。

私の高校では毎年、クラス替えが行われていました。

高校三年生の始業式の日、新しいクラスメートの中に、極めて第一印象の悪い大橋君という男子生徒がいました。理由は全くありません。会話すらしていないのに、生理的に受けつけないタイプだったのです。

ある日、遅刻して学校に行くと、朝のホームルームで勝手に私が文化祭の実行委員に決められていました。いわゆる欠席裁判です。文化祭の実行委員は各クラスから二名選出しなければならなかったそうなのですが、もう一人が、よりによって、その大橋君でした。

それから、もちろんイヤイヤですが、数カ月間、大橋君とは行動をともにしました。お互いに協力し合って苦労をともにしながら、文化祭の準備に取り組むうち、次第に、彼に対する評価（思考）が変わってきたのです。

「こいつ意外といいやつだな」と思うようになりました。

そして、感情も「嫌い」から「好き」へと変わっていったのです。

卒業するときには、無二の大親友になっていました。大人になった今でも交流は続いています。

夜遅くまで一緒にがんばるというポジティブな行動につられて、思考そして感情までもがポジティブな方向に変わっていった好例です。

もう一つの実例として、整理整頓《せいとん》が苦手な私には、こんなことも、よくありました。まったく気分は乗らないんですが、あまりにも親がうるさいので、しぶしぶ机の上の片づけを始めました。すると不思議なことに次第に気分が乗ってきて、結局その後、丸一日かけて部屋全体の片づけまで終わらせてしまったのです。

皆さんにも似たような経験はありませんか。

「思考」がレジリエンス強化のための一番のカギとなる

性格を構成する三要素の連動性を活用し、自分の意志でコントロールできる「行動」か「思考」をポジティブな方向に変えていくことが大切です。そうすれば、結果的に「気分や感情」もポジティブな方向に変わっていきます。

これを繰り返すことによって、レジリエンスが高まっていくのです。

ただ、ここにもう一つ問題があります。

確かに「行動」は自分の意志で変えられます。でも、意外と難しい。特に当たり前のことを愚直に実行し続けることが一番難しいのです。

例えば、早寝早起きは、体だけでなく心の健康にも良いことは分かっています。にもかかわらず、夜更かしや朝寝坊、そして二度寝の常習犯は後を絶ちません。

バランスの取れた食事と定期的な運動習慣も、体だけでなく心にも良い影響を与えることが医学的にも証明されています。それにもかかわらず、スナックやチョコをほおばりながら、家でゴロゴロしてしまうのが現状です。

日頃からコツコツと勉強すれば、確実に学力を高めることができます。だけど、良くて試験の一週間前から、最悪のケースでは一夜漬けが常套《じょうとう》手段になっているのは私だけではないはずです。

改めて指摘されるまでもなく、真人間生活が心にも体にも良いことは、誰でも分かっていることです。でも、なかなかそれができない。

誰もが分かりきっている当たり前のことを当たり前のように実行すること、実はこれこそが一番難しいのです。だから私は「思考」を変えることを強くおすすめしています。

ここで「思考」に関するポイントを前章から振り返っておきます。

まず第1章のポイントです。

〈レジリエンスを高める脳の鍛え方は、知識を増やすのではなく、視点を増やします。言いかえると、一つの出来事や事実を多くの異なる視点から違う見方をする訓練です。これこそが脳つまり心を柔軟にします。それによって、しなやかで折れにくい心が育っていくのです〉

これこそ、まさに「思考」を変えるトレーニングのことです。

そして、この第2章では「エリスのABC理論」を紹介し、思考というフィルターが私たちの感情を決定しているということを勉強しました。

このフィルターは、私たちが世界を見ている「色眼鏡《いろめがね》」とも言えます。この「思考」という色眼鏡は自分の意志で換えられます。そして、この色眼鏡を交換すれば「気分や感情」も変えることができるのです。

そしてさらにもう一つ「思考」から変えるべきだと主張したい理由があります。

それは性格を構成する三要素の順番です。

すべての物事は二度つくられる

ある出来事に対する私たちの反応は、これまで説明してきたように、「思考」「感情」「行動」の順番になることが一般的です。

もちろん宝くじに当たったり、身近な人の生死にかかわるなどの極端な出来事、そして日常で頻繁に繰り返されるような出来事であれば、「思考」という解釈を飛び越えて、条件反射的に即座に感情が生まれてしまうこともあります。

ただ、このようなケースであっても、意識こそされてはいませんが、頭の中では出来事に対する瞬時の判断（これも、もちろん「思考」です）は下されています。

また、「すべての物事は二度つくられる」という有名な言葉があります。

例えば、試験の答案、作文や研究レポート、美術の作品などは、「行動の成果物（結果）」として私たちの目の前に形をあらわします。

ただ、数学の証明問題を始めとした試験の答案作成や作文（特に英作文）、美術の作品であっても、まずは頭の中でイメージや大まかな全体像がつくられます。

実際に書き（描き）始めるのは、その後です。何のプラン（計画やイメージ）もなく、いきなり行動に出ることはできません。まず一旦、頭の中でイメージできたものしか行動や結果にはつながらないのです。

あらゆる物事は行動の結果ですが、まずは①頭の中でイメージがつくられ（これが思考です）、その後、②実際の行動につながり、結果へと至ります。

「すべての物事は二度つくられる」とは、すべての結果は、①思考＋②行動という二つのステップによってつくられるという意味です。

あらゆる行動のおおもとは思考です。言いかえれば、思考は行動の出発点や起点となっているのです。

「思考」は、「思考→感情→行動」という流れの「入り口」とも言えます。この「入り口（思考）」と「出口（行動）」が、自分の意志で変えられます。

やはり、入り口に最大のエネルギーを注ぐことが一番の得策になるわけです。

この後、第3章では、入り口になる「思考」を中心に扱います。

レジリエンスを弱める「思考の歪《ゆが》み」を紹介し、それを「合理的な思考」に変える練習をしていきます。

それは、健全なチャレンジ精神を育て、ひいてはレジリエンスを高めることにつながります。

また、第3章は本書のメインにもなりますので、入り口の「思考」を中心に扱いつつも、出口の「行動」にも焦点を当てていきます。

「思考」と「行動」の両方を変えることによって、「気分や感情」を挟《はさ》み撃《う》ちにするという、より実践的かつ効果的な手法もご紹介させていただきます。

ストレスは悪者ではない

本章の最後に物事に対する私たちのとらえ方（思考）が、レジリエンスに対し、予想以上に大きな影響を与えていることを如実に物語る実例をご紹介します。

一九九八年にアメリカでストレスに関する調査が実施されました。

「この一年間で、どれくらいストレスを感じましたか？」

「ストレスは健康に悪いと思いますか？」

この質問に回答した二万八七五三人の被験者を以下の四つのグループに分けました。

A：ストレスが少なく、ストレスは健康に悪いものではないと考える人たち

B：ストレスが少なく、ストレスは健康に悪いものだと考える人たち

C：ストレスは多かったものの、ストレスは健康に悪いものではないと考える人たち

D：ストレスが多く、なおかつストレスは健康に悪いものだと考える人たち

この四グループに対し、八年後に追跡調査を行い、死亡してしまった人の数を調べました。

死亡者数が多い順に、D＞B＞A＞Cという結果になりました。

なんと最も死亡者数が少なかったのは、ストレスが少なかったAやBのグループに属する人たちではなく、ストレスは多かったものの、ストレスをポジティブにとらえていたCグループの人たちだったのです。

どうやら「ストレスは健康に悪い」と思い込まない限り、私たちの体に致命的なダメージを与えることはないようです。

そして、この話には、もう一つ有益な情報が隠れています。

それは「ストレスは悪者ではない。それどころか、ストレスがレジリエンスを高め、健康や寿命にまで良い影響を与える」という情報です。

ストレスが多かったということは、逃げたり、あきらめたり、現実から目を背けたりせず、問題や課題に真正面から向き合い、そして真剣に取り組んだ証拠です。

ストレスは、私たちの成長を促し、人生を豊かにしてくれるものでもあるのです。

『ゲゲゲの鬼太郎《きたろう》』の主題歌にこんな歌詞がありました。

「楽しいな　楽しいな　お化けにゃ学校も試験も何にもない」

そりゃあ確かに楽しいでしょう。ストレスもないです。

でも、そこには成長もない。結果的には、退屈でちっとも楽しくなんかありません。

ストレスという言葉の生みの親でもあり、ストレス学説の創始者でもある生理学者ハンス・セリエは、晩年「ストレスは人生のスパイスだ」と言いました。

スパイスが多すぎる料理は、もちろん食べられたものではありません。ただ、スパイスが少なすぎるのも何だか病院食みたいで物足りないですよね。適度のスパイスがきいた食事は、その香りが食欲をそそりますし、消化にもよいと言われています。そして何より美味しいです。

もちろん過度のストレスは体にも心にも悪影響を及ぼします。ただ一方で少なすぎるストレスも決して好ましいものではありません。適度のストレスが心身ともに私たちを強くしてくれるのです。

第3章　レジリエンスを弱めてしまう考え方

前章では、出来事が私たちの感情をつくりだしているのではなく、その出来事に対する私たちの解釈が感情をつくりだしているのだということを学びました。

物事を今までとは違った視点からとらえ、合理的な考え方に基づいて解釈する習慣は、「気分や感情」という私たちのメンタルに肯定的な影響を与え、それがそのままレジリエンスの強化にもつながります。

私たちの身に起こる出来事に対して、今までとは違った解釈をするということは、いわば私たちがモノを見ているメガネのレンズを換えるようなものです。それによって、今まで見ていた物事が、突然まったく新しく見えることすらあります。

これからレジリエンスを弱めてしまう考え方を七つご紹介します。

レジリエンスを弱めてしまう考え方は、ストレスを受けやすい考え方でもあります。心の疲労が、レジリエンスという心の自然治癒力を弱めてしまうのです。

① 否定的側面の拡大（肯定的側面の否定）

② 二分化思考（少なすぎる判断基準、勝ち負け思考）

③「当然」「べき」「ねばならない」思考

④ 過剰な一般化

⑤ 結論の飛躍

⑥ 劣等比較

⑦ 他者評価の全面的受け入れ

レジリエンスを弱めてしまう七つの考え方

ここで、ひとつ注意があります。

今からご紹介する七つの考え方は、誰にでもありがちな考え方のクセなので、七つすべての考え方を持っている人は、たくさんいます。

ですから、仮に七つのすべてに該当してしまったとしても落ち込む必要はありません。

ただ、どれかひとつであっても、その考え方が極端に強い場合は注意が必要です。

まずは、どんなときに、どの考え方が強くなるのか、自分の考え方のクセやパターンに気づいてください。気づくこと、つまり自覚することが改善の第一歩になります。

どのように変えていけばよいのかまで（思考の変え方を中心に扱いますが、行動に関しても少し触れていきます）、本章ではしっかり解説していきます。

第2章でも説明したように、性格を構成する三要素の分類（五一ページ）そしてその順番（六一ページ）と連動性（五四ページ）を思い出してください。

自分の意志で入り口の「思考（考え方）」と出口の「行動」をプラスの方向にコントロールしていけば、「気分や感情」も良い方向に向かわせることができるのです。

①否定的側面の拡大（肯定的側面の否定）

今から、できれば避けたい人、または苦手だと感じている人を「一人」思い浮かべてみてください。そして、その理由も考えてみましょう。

「嫌い」という感情が先行してしまう場面、特に「ある人」との人間関係がストレスになっているケースでは、この「否定的側面の拡大」という考え方に支配されてしまっていることが多いはずです。

例えば「飽きっぽい性格」は「気持ちの切りかえが早い」とか「優柔不断《ゆうじゅうふだん》」は「物事

に対して慎重な性格」など、一見「短所」と思えるような特徴であっても、見方を変えれば「長所」になります。このように、本来、人間という奥の深い存在は、角度を変えることによって、様々な特徴が見えてくるものです。

にもかかわらず、一方通行の偏った見方をすることによって、その「ある人」に関する「悪い点」ばかり気になってしまうのが、この「否定的側面の拡大」という考え方(モノの見方)です。

例えば、親との関係がうまくいっていない人を例に挙げてみましょう。

皆さんも今、親との関係がギクシャクしているとしたら、きっと次のような親に対する「嫌な側面」がたくさん思い浮かぶことでしょう。

・何かにつけ、やたらと口うるさい
・すぐに約束を破る
・けなしてばかりで、ほめてくれない
・事あるごとに記憶にすらない大昔の失敗をほじくり返す
・やたらと恩着せがましい

・すぐに他の誰かと比較する

・友達の前で平気で幼少の頃の恥ずかしい秘話を暴露する

そして誰かから「いやいや、そんなことないですよ。あなたの親は昔から思いやりのある、とても優しい人です」とか「気配り上手で有名ですよ」など、親に関する「良い情報」を耳にしても、「ただ外面《そとづら》がいいだけなんです」とか「たまたまですよ。もともと気配りなんか全くできない人ですから」などと言って、即座にその発言を否定します。

これが、「肯定的側面の否定」です。

このように視点が「ネガティブな部分」にのみ固定されてしまうと、物事を公平に見ることができなくなってしまいます。

これは、「嫌い」「苦手」「不得意」と感じている特定の人物や物事に対して、特に強くあらわれてしまう考え方です。

もともと私たちの脳はネガティブに考えるようにできている

七つの考え方の一つ目で、いきなり思い当たる節があり、ドキッとしませんでしたか。

この否定的側面の拡大に関して「私は全く該当しません」と断言できる人は非常に少ないと思います。なぜなら、私たちの思考は、基本的にネガティブだからです。

この思考に関するネガティブな性質を経済学に応用した「プロスペクト理論」で、二〇〇二年にノーベル経済学賞を受賞したダニエル・カーネマンという心理学者がいます。

彼は、これまでの経済学では説明できなかった人間の感情をも考慮に入れた行動経済学という学問分野を切り開きました。

認知心理学の理論に基づいたプロスペクト理論では、「人間がリスクを伴う意思決定をするとき、損得の規模が同じ場合、利得よりも損失の方を二・二五倍も深刻にとらえる」と考えられています。

ちょっと分かりづらいですよね。今から具体例で説明します。

今、皆さんはスマホの新規購入または買いかえを検討しているとしましょう。

きっと、いくつかのお店を回って、ねらっている機種の価格を比較するはずです。可能な限り、たくさんのお店を見て回った結果、結局A店が一番安かったので、五万円で買いました。

ところが、人間は執着の強い生き物ですから、その後も、よせばいいのに、別のお店に立ち寄るたびに、そのスマホの価格を確認してしまいます。

K店に別件で立ち寄ったとき、たまたま同じ機種を見かけたので値段を確認すると六万円で売っていました。一万円も得をしたことになります。もちろん、嬉しい気分になりますよね。

ところがY店に行ったときに、そのスマホの値段を見たら、そこでは何と四万円で売っていたのです。今度は一万円も損をしたことになります。

皆さんは、一万円の得と損、どちらの方が強く印象に残りましたか。

嬉しさより悔しさの方が、強いのではないでしょうか。

ダニエル・カーネマンは、「嬉しさ」より「悔しさ」の方が二・二五倍も強いと言っています。ちなみに、私だったら二・二五倍どころか五倍以上は「悔しい」思いをします。

だいたい、私なんか根っからの貧乏性なので、例えばチョコ一つでも、朝に買った明治の板チョコが、夕方に立ち寄った別のコンビニでレジ横のワゴンに安売り商品として並んでいるのを見ただけで地団駄を踏み、その悔しさは三日も尾を引くくらいです。

私たちの脳は一万年前のまま

私たちの思考がこのようにネガティブになってしまうのは脳に原因があります。

実は私たちの脳は、一万年前から、ほとんど進化していないと言われています。つまり、私たちの脳は一万年前の環境に適合できるような初期設定がされているわけです。

一万年前と言えば、狩猟によって獣、魚、貝、木の実を食べて暮らしていた縄文時代《じょうもんじだい》です。

食べ物ひとつを例に取っても、一万年前では、まずは疑ってかかる必要がありました。

今、コンビニやスーパーで買った食材を、これは食べても大丈夫だろうかと疑いながら、じっと観察し、分解して、さらにはにおいも確認するなんて人は、ちょっとおかしな人の部類に入ってしまいます。

でも一万年前は、どうだったでしょうか？

何の疑いもなく食べてしまう人の方が、おかしな部類に入りますし、そもそも、そういう人は、生き残ることができなかったでしょう。

飢えや寒さ、天変地異や病気のことを考えただけでも、現代に生きる私たちと比べ、生きていくこと自体に相当な苦労をしたはずです。

もちろん自衛隊や警察もありませんし、法によって統治もされていませんので、人間以外の外敵まで含めて自分の身は自分で守らなくてはなりません。

健康で文化的な最低限度の生活も保障されていませんので、とにかく毎日毎日が生きるのに精一杯だったはずです。

自然の影響をもろに受けながら、満足に食べることすらままならず、日々、常に生命の危機にさらされていたことでしょう。

非力な野生動物と同じように、いつもビクビクしながら、起こりうる最悪の事態に備え、たえず神経をとがらせていたはずです。四六時中、否定的な側面に意識を向け続けることが、生き残るためには必要不可欠だったのです。

しかし、今や状況は激変しました。もちろん東日本大震災や世界各地で頻発するテロなど、生命の危機が全くなくなったわけではありません。ただ、一万年前に比べたら、それこそ比較にならないほど安全な現代で、この脳の初期設定は時代遅れも甚だしいと言えるでしょう。

今の三倍ポジティブに考えて、ようやくバランスが取れる

心理学者のバーバラ・フレデリクソンは、ポジティブな考え方とネガティブな考え方の理想的なバランスは三：一であるという説を提唱しています。

実は、この考えはプロスペクト理論とも整合性がとれています。

プロスペクト理論では、ネガティブな思考の方が二・二五倍も強いと言っていますので、ポジティブな考え方を二倍にしても、まだ追いつきません。

もともとネガティブな考え方をするように初期設定されていますので、放っておけば自然とネガティブに偏るのが私たちの脳です。ちょっと多めの三倍でようやくトントンと言って良いでしょう。

もちろん一〇〇%ポジティブに考えることは危険です。ときには石橋を叩《たた》いてわたることも必要でしょう。ただ、自然に任せると、初期設定が強く働きすぎてしまうので、

石橋を叩き過ぎて壊してしまうことの方が多くなります。

意識してポジティブな方、ポジティブな方へと考え方をシフトする必要があります。

面白い話をご紹介しておきましょう。

私は研修や講演で管理職の方々に「今から最も気になる人を「一人」イメージしてください」と言うと、たいてい彼らはお子さんをイメージします。

そして、「今から、その人の改善点（気に入らない点）を思いつくままに書き出してください」と言うと、最低でも三〜五個、多い人だと一〇個くらい書き出すことができます。

それから「それでは次に、その人の長所を書き出してください」と言うと、たいていピタッと書く手が止まります。最も愛するお子さんですら、このような現象が起こります。

やはり、ここでも脳の初期設定が強く働いてしまうのです。

私たちは親友や恋人であっても長く付き合っていると、悪い部分ばかりが目につくようになりませんか。「ここさえ直してくれればなぁ」という「改善点」です。

人間関係の改善やレジリエンス強化に関して、私は三より多い五という数字をお勧めしています。

人間関係の改善や向上であれば、自分が関係するすべての人の「強み（長所）」にのみ焦点を当て、どんな些細《ささい》な強みでもよいので最低でも五つは見つけられるようにしてみてください。

レジリエンス強化に関しては、一日の終わりに、今日一日を振り返る習慣を身につけましょう。

寝る直前、ベッドで横になっているときで構いません。どんな些細なことでもいいので、今日一日を振り返って、嬉しかったこと、楽しかったこと、感謝できることなどポジティブな気分になれた場面を毎日五つ以上思い出してください。

・朝の空気が爽《さわ》やかだった
・仲の良い友達から、ポジティブな内容のメッセージカードをもらった
・放課後、たくさんの友達にレポート作成の手助けをしてもらった
・好きな人と目が合った

・友達と一緒に食べたお昼ご飯が美味しかった
・部活でたった一回ではあるけれど満足のいく良いプレーができた
・夕日が綺麗《きれい》だった

これだけで満たされた気分になり、心が落ち着きます。

一日をよい気分で終えた後、眠りにつくことができるので、睡眠中に明日へのエネルギーが蓄えられます。こんな簡単なことが、レジリエンスの強化につながるのです。

②二分化思考（少なすぎる判断基準、勝ち負け思考）

二分化思考は、物事を白黒ハッキリさせないと気が済まないタイプの人たちによく見られる考え方のクセです。

この考え方が強い人は、正反対の二分化で物事をとらえます。

例えば、人を見れば、「この人は自分にとって「敵」なのか、それとも「味方」なのか」「「有能な人間」なのか、それとも「無能な人間」なのか」を瞬時に判断します。

また、何か物事の結果が出ると、そこに至るまでの「経過」や「理由」、その結果や数字が持つ「意味」には全く興味を示さず、「成功」なのか、それとも「失敗」なのかだけを知ろうとします。

判断基準が正反対の二つしかありませんので、「○か×か」「善か悪か」「全か無か」といったように、物事をバッサバッサと切り裂くような判断をすることが特徴です。

ホームランか三振かのギャンブル的な生き方をする人も多く、会社員になると、なかには異例の出世をする人もいます。

つい先日、ある有名な大手企業の役員で、この考え方が強い人と話をする機会がありました。その方は、こんなことを豪語していました。

「私の基準では、大学なんてね、東京大学かそれ以外しかないんですよ」

「試験なんてものは、一〇〇点以外は全部一緒ですよ。私からすれば、九九点でも〇点でも同じです」

この二分化思考が強い人は、基本的に見切りが早く、物事をテキパキとこなしますので、一見すると豪快で、いわゆる「できる人」という印象を周囲に与えます。

ただ本当は内面の弱さを隠すために、強気の発言を繰り返しているだけの人が多く、その結果、人間関係では敵をたくさんつくってしまいます。いつの間にか孤立無援になっていたなんて事もよくあります。

堅い木が意外と簡単に折れてしまうのと同様に、強気の態度や発言で強さを装う人は、実はメンタルが弱く、些細なトラブルや失敗で大きくつまずくことがよくあります。

事実、カウンセリングをしていても、一見強そうに見えるこのタイプに、うつ病になってしまう人がたくさんいます。

また、自分にも他人にも要求の基準が高いため、意に反する結果に失望する機会が増えます。イライラすることも多く、精神が休まることがありません。

このように、あらゆる物事を二極分化して考えるクセのある人は、ストレスを受けやすく、知らず知らずのうちにレジリエンスを弱めてしまうのです。

二分化思考は自分への脅迫行為

実際のところ、世の中に起こる現象は、そんなに単純に二つには分けられません。

特に人間という存在は、能力に目を向けたとき、実に多様です。

ある能力が足りないからと言って、別の能力までないと決めつけることはできません。また、何かができないからといって、別の何かができないというわけでもありません。例えば私は理系科目は中学一年生レベルの問題すら解けませんが、文系科目は得意です。昔から協調性がないと言われ続けてきましたので、チームスポーツとは縁がありませんでしたが、個人競技では良い結果を残すことができました。

ある一部だけを見て、簡単に人を「有能」か「無能」かで分けてしまうのは、非常に乱暴な発想と言えます。

もちろん、マルチな才能があり、何事もそつなくこなすことが理想かもしれませんが、一方で「器用貧乏」なんて言葉もあるくらいですから、どちらが良いかなんて判断はできません。

人だけでなく、物事も、瞬時に判断できるほど単純なものではありません。

短期の視点に立った判断は、感情に振り回されていることが多く、得てして不的確なものになりがちです。

例えば、短期の視点に立って判断すると大失敗であったことが、中長期の視点に立ってみれば大成功のキッカケであったなんてことは、偉人の生い立ちや偉業の誕生秘話でも、よく紹介されています。

二分化思考がレジリエンスを弱めてしまう決定的な理由を今からご紹介します。

実は、「二分化思考」は「二者択一思考」と言いかえることができます。

ここで質問があります。

例えば、学生であれば親、教師、先輩から、そして会社員であればお客様、上司、先輩から、「やるのか」「やらないのか」という二者択一の選択を迫られたら、それを「選択」と呼ぶことができますか。

中学校時代、部活の顧問の先生が、よく私たちにこんなふうに迫ってきました。

生徒との話し合いもせず、自分が勝手に決めてきた根性論に基づいた練習メニューを私たちに突きつけて、「『やるのか』それとも『やらないのか』」と。

この先生のおかげで私は大好きだったバドミントンが大嫌いになり、わずか数カ月でバドミントン部から帰宅部へと部を変えました。

二者択一は、「選択」ではなく「脅迫」です。脅迫されて良い気分になる人はいません。嫌な気分になり、萎縮《いしゅく》します。また、自主性や独創性も奪われてしまいます。思考というものは、自分との会話、そして自分とのコミュニケーションでもあります。二分化思考は、自分を脅迫しているのと同じです。知らず知らずのうちに嫌な気分になることが増え、その結果、レジリエンスを弱めてしまうのです。

選択と呼ぶには、最低でも三つ、つまり三つ以上の選択肢が必要になります。考え方の選択肢を増やすコツは、次節と共通しますので、この後まとめて説明させていただきます。

ここでは、三つ以上の選択肢を持つことが必要だということだけ覚えておいてください。

③「当然」「べき」「ねばならない」思考

三九ページでご紹介した第2章の冒頭の例は、すべてこの考え方に該当します。

・テストで悪い点を取った

・部活でレギュラーに選ばれなかった
・友達とケンカをした
・親や先生に怒られた
・犯罪、不祥事、不景気などの嫌なニュース

このようなネガティブな出来事や情報に遭遇したとき、私たちは嫌な気分になります。少なくとも明るい気分にはなれません。

ただ、その嫌な気分にも強弱という個人差があります。嫌な気分やマイナスの感情が強ければ強いほど、回復力というレジリエンスを弱めることになりますので、精神的なダメージは長く尾を引き、立ち直りを遅らせてしまいます。

ネガティブな出来事に遭遇したとき、マイナスの感情を強めてしまうのが、私たちのなかにある「当然」「べき」「ねばならない」思考です。

具体的には、以下のような考え方です。

・あれだけ勉強したのだから、良い点が取れて当然
・どう考えても、私が一番最初にレギュラーに選ばれるべき

・友達どうしで意見の対立があった場合、お互いに譲歩しなければならない
・親は子供にもっと理解を示して当然
・政治家たるもの聖人君子であるべき

このような「当然」「べき」「ねばならない」思考が強ければ強いほど、意に反する現実に直面することが多くなります。その結果、嫌な気分やマイナスの感情も強くなり、そこから立ち直るための時間も長くなってしまうのです。

この「当然」「べき」「ねばならない」思考は個々人の持つ常識とも言えますが、この常識ほど厄介なものはありません。

なぜなら、私たちの多くが万人に共通すると思い込んでいる常識は、「思考」に属するものであり、地域差や年齢差など、かなりの個人差があるからです。

例えば、スマートフォンの利用マナーに関する個人差が、いろいろな場所で、ちょっとしたいざこざの原因になっています。

また、常識の中には自分中心の価値基準でしかないこともたくさん含まれています。

この個人差が大きい常識のギャップやズレが、コミュニケーションにおいて、マイナ

スの感情が発生する一番の原因になっているのです。

それどころか、いつの時代になってもなくなることのない紛争や世界各地で頻発するテロだって、民族間や宗教間の常識や価値観の違いから発生していると言ってもよいでしょう。

この思考のさらなるデメリット

「当然」「べき」「ねばならない」思考は、私たちの持つ常識や良識そして正義感や道徳観の裏返しでもあります。

もちろん、人としての良識や道徳、正義感を放棄しろとはいいません。

ただ、現実問題として、とても残念なことに、この世の中は理不尽で不条理なことだらけです。

この世に起きる物事は、私たちが理想とする常識や道徳どおりに動いてはくれませんし、悲しいことではありますが、常識が通用しない人たちは、ゴマンといます。

この現実世界に生きる私たちにとって、過剰な正義感や道徳観は、私たちをがんじがらめにし、イライラや怒りの原因となります。そして、何より私たちを生きづらくさせてしまうのです。

今から身近にいる人の中で、この「当然」「べき」「ねばならない」思考が極めて強い人をイメージしてみてください。クラスにも一人はいると思います。やたらと正義感が強くて、その正義感を振りかざすような人です。

この考え方が強すぎる人は、端で見ていると、独りよがりだったり、押しつけがましかったりすることが多く、周囲の人たちからは疎まれる傾向があります。

一緒にいても息苦しかったり、いつなんどき機嫌が悪くなるか分かりませんので、ビクビクしながら接することにもなります。常にこちらが気をつかわなくてはならないので、友達の中にこのような人が一人いるだけで、あまり楽しくなくなってしまいます。

さらに「当然」「べき」「ねばならない」思考の度が過ぎると「頑固」「頭の固い人」「了見の狭い人」などという印象を周囲に与えてしまい、人を遠ざけてしまいます。最終的には、②の「二分化思考」の人たちと同様に、孤立してしまったり、居場所を失うということにもなりかねません。

この「当然」「べき」「ねばならない」思考が強い人、そしてこの考え方のレパートリーが多い人は、結果としてストレスを抱え、レジリエンスを弱めてしまいます。

かつて中世ドイツの修道士トマス・ア・ケンピスは「われわれは好んで他人が完全であることを求めるが、自分自身の欠点を正そうとはしない」と言いました。

この「当然」「べき」「ねばならない」思考の強い人は、自分自身を正当化するためや、その現状に甘んじているための言い訳として、この考え方を利用していることもあります。もし、そうであれば、その代償として学びや成長や和解の機会を失っています。

好ましくない結果に対して、自分にも非があるとしたら、どんな改善が必要なのかを考えなくてはいけません。それが建設的な行動への出発点になるはずです。

なぜここでも感謝の習慣が効果的なのか

七八ページでは、「否定的側面の拡大」の改善方法として、「どんな些細なことでもいいので、今日一日を振り返って、嬉しかったこと、楽しかったこと、感謝できることなどポジティブな気分になれた場面を毎日五つ以上、思い出してください」という提案をしました。

この③の「当然」「べき」「ねばならない」思考に対しても、この方法は、とても効果があります。なかでも特に「感謝の気持ち」に焦点を当てることが大切です。

その理由は「感謝」の反対語にあります。

「感謝」の反対語って何だと思いますか。

答えは「当たり前」、つまり「当然」思考のことなのです。

誰かに何かをしてもらっても当たり前、温かいご飯が食べられて、やわらかいベッドで寝ることができ、ほしい物は何でも手に入って当然などと思っていたら、感謝の気持ちは持てなくなってしまいます。

感謝の習慣を育《はぐく》むことによって、少しずつ「当然」「べき」「ねばならない」思考を手放すことができるようになります。

なんにも特別なことのないごくごく平凡な一日であっても、その日の終わりに、感謝できることを五つ以上思い出し、できれば書き残すことを習慣にしましょう。

書き残すことは行動です。思考と行動で挟《はさ》み撃《う》ちにすると効果は倍増します。

「めんどくさっ！」とか「バカバカしい」と思う人もいるでしょう。

ゲーム、スマホ、テレビに費やしている時間のほんの一部でいいのでレジリエンスに投資してみませんか。

それでも、まだ面倒くさいと思うのなら、秘策をお教えします。

寝る前にベッドの中でラインをしている人って多いですよね。

ラインメッセージで愚痴や不満や誰かの悪口を送るのをやめ、今日一日の中で、ほっこりしたことを「こんなことあったよ」と友達に報告してください。五人の友達に、それぞれ別の出来事を送れば、五つになります。

ただ意中の人には、三つくらい送ってくださいね。あなたに対する印象が確実に良くなります。

また、仲良しの人たちでライングループを作って、日頃から「感謝したこと」や「嬉しかったこと」などポジティブな出来事を友達どうしで共有することを習慣化するのもお勧めです。

②と③に共通する視点の増やし方

私たちは自分を基準にして物事を考えがちです。

その代表例が「自分がそうだから、相手もそうだろう」という考え方です。これは、自分を中心とした一方通行的なモノの見方の典型であり、人間関係における摩擦や失望の原因にもなっています。

また、この考え方に基づいた行動は、とかく「ありがた迷惑」や「親切の押し売り」になりがちです。

視点を増やすためには、相手を中心としたモノの見方もできるようにしなくてはなりません。そのために、知っておいてほしい言葉があります。

それは、「すべての言動には肯定的な意図がある」という言葉です。

ここでいう「肯定的な意図」とは、相手が持つ「もっともな理由」のことです。

皆さんの常識や価値観からすると、相手は明らかに間違ったことを主張したり、「いくら何でもそれはおかしいでしょう」と言いたくなるような行動を取っているかもしれません。でも、それを言っている、またはそれをしている当の本人からしたら、もっともな理由があって、そういうことを言っている、またはそういうことをしているというのが「すべての言動には肯定的な意図がある」という考え方です。

相手の立場になることで、視点つまり考え方が二倍になります。

自らの常識や価値観に基づいた二分化思考で×または悪と決めつけるのではなく、もし○または善だとしたら、どんな見方があるだろうかと考える習慣を身につけてほしいのです。

あなたが世間一般の「常識」と思い込んでいる「色眼鏡《いろめがね》」で見たら、ネガティブな事柄そして理不尽な言動であっても、もしかしたら、その裏には「納得のいく言い分」や「やむにやまれぬ事情」があるかもしれないのです。

そう考えるだけで心の平穏が訪れる機会が増え、無駄なイライラやいざこざが激減します。

レジリエンスを高めるだけでなく、副産物として、懐が広くなり、人に対して寛容になれます。器の大きい人（心の広い人）という評価だって得ることができるのです。

ここは抽象的でちょっと分かりづらい部分だと思いますので、次項で具体例を挙げて、もう少し詳しく説明します。

感情が激変した実例

これは、私が塾の経営をしていたときの実話です。

中学三年生の女子生徒が、九月下旬から不登校になってしまいました。

お母さんは、手がつけられないほど激怒して、娘を激しく罵《ののし》ったのです。

「あんた、この一番大切な時期に一体なにを考えてるの！　内申書にも響くから、無理してでも学校に行きなさい！」

そしてお母さんは嫌がる娘を無理やり車に乗せ、中学の校門まで連れて行き、彼女の姿が校舎の中に消えていくのを見届けて、パートに出かけたり、自宅に戻ったりしていました。

きっとお母さんの頭の中は、こんな感じだったのでしょう。

「学校に行かないこと。しかも、よりによってこの大切な時期に行かないことは悪、悪、悪。内申書にも響いてしまうから、何が何でも普通に学校に行くのが当然。特にこれからの時期は無理をしてでも学校には行くべき。そして親の言うことに娘は絶対に素直に従わなくてはならない……」

さあ、視点を変えてみましょう。

彼女が持つ「肯定的な意図」つまり学校に行きたくなかった（実際には「行くことができなかった」）理由は何だったと思いますか。

ちなみに、私が塾を経営していた頃、親も学校も把握していませんでしたが、このケースは驚くほど多かったです。

実は、「担任の執拗《しつよう》なセクハラにあっていた」のです。

この事実を知った途端、お母さんは泣き崩れました。娘を強く抱きしめると「本当に、ごめんね、ごめんね……」と謝り続けていました。

肯定的な意図が分かったその瞬間、娘に対する感情は一転したのです。

お母さんの対応は大間違いでした。罵倒すべき相手は担任か校長か教育委員会です。

②と③に基づく極めて狭い視点が悲劇を引き起こしてしまった実例です。

①〜③には見逃せない共通点がある

ここで①〜③の共通点について考えてみたいと思います。

①〜③の考え方を強く持っている人は、たくさんのストレスを抱え、レジリエンスを弱めてしまいます。ただ、問題はそれにとどまりません。

それと同時に周囲の人たちにも多大なストレスを与え、関係するすべての人たちのレジリエンスにまで悪影響を与えてしまうのです。

ちょっとイメージしてみてください。

次のような、担任の先生や部活の顧問がいたとしましょう。

基本の考えが常にネガティブ。何事においても常に白黒ハッキリさせないと気が済まない。いつも自分の体験のみを基準にした「若者たるもの、こうあるべき論」を展開し、自分の考えを人に押しつけてくる。

そんな教師がいたらどうですか。

もちろん、その教師自身も常にストレスを抱えているとは思いますが、そんな教師のもとで学生生活を送る生徒たちも、とんだとばっちりを受けることとなり、たまったものではありません。

①〜③は本人のみならず、その人と接するすべての人たちをも巻き込んで、みんなを不幸にさせてしまう考え方のクセなのです。

ですから、①〜③のどれか一つでも、この考え方が強いなと自覚している人は、何としてもその考え方を変えてほしいのです。そうすれば、あなただけでなく、あなたが接する人たちのレジリエンスにも良い影響を与えることができます。

④過剰な一般化

過剰な一般化とは、公式やマニュアルのように一律に物事をとらえてしまう考え方のクセです。

数学の問題は公式に当てはめると解くことができます。機械の操作はマニュアル通りに行うことが原則です。

ところが、現実の世界では、公式に当てはめたり、マニュアル通りに行動しても、物事がスムーズに進まないことが多々あります。

特に人間関係にマニュアルが存在しないことは、恋愛経験のある人なら痛いほどよく分かっているはずです。

また、学生時代は、勉強がその代表格になりますが、自分ががんばりさえすれば物事が成就《じょうじゅ》したり、完結したりすることが多いと思います。

ところが、就職して実社会に出ると、そうはいきません。チームとして多くの人たちが協力しあわないかぎり、一人ではとても達成することができないような大きなプロジェクトに参加することもあります。

こうなると学生時代には通用していた、自分なりの成功公式やマニュアルのようなものが全く通用しなくなってしまいます。

いわゆる高学歴の人が意外にも実社会では実力を発揮できなかったり、またその反対に学校の勉強は苦手だったのに、就職してから大活躍する人がいるのは、この「過剰な一般化」という考え方の強弱に原因があるとも言えます。

「過剰な一般化」という考え方が強すぎると、学生時代はうまくやってこられたのに、実社会に出た途端に、自分の思考や経験では対処できないことが次々と自分の身に降りかかることになります。そのたびに、精神的に混乱し、迷うことも増え、結果としてレジリエンスは弱まってしまいます。

また、「レッテル貼り」という行為も、この「過剰な一般化」から派生しています。

例えば、普段はとっても温厚で人当たりの良いAさんがいたとします。進路のことで親と大喧嘩《おおげんか》になってしまい、たまたま機嫌が悪いときがありました。

そんなとき、あなたが初めてAさんに会ったとしましょう。

おそらくAさんに対して悪い印象を持ってしまうことでしょう。「たまたま機嫌が悪かった」だけなのに、「いつも不機嫌な人」というレッテルを貼ってしまうのです。

見方を狭めてしまうこの「過剰な一般化」という考え方は、真実を見る目を曇らせてしまいますので、とっても損をしてしまうモノの見方とも言えます。

いずれにしろ私たちは、過去の成功体験や失敗体験に固執する傾向があります。それが、たまたまであっても、一度きりの経験を普遍的な公式だと思い込んでしまうのです。

「過去に正しかった答えが今も正しいとは限らない。過去に間違っていた答えが今も間違っているとは限らない」

このような考え方が、今後、実社会で生き抜くためには必要になります。そのためには、今までになかったような新しい考え方を増やさなければなりません。この新たな考え方を増やすコツは、次節と共通しますので、この後まとめて説明させていただきます。

⑤結論の飛躍

例えば「中学校一年生のときに担任の先生が私に心ない発言をしたせいで、私はこんなに臆病な性格になってしまった」など、いわゆる被害者意識の強い人は、このような強引な因果関係を主張しがちです。

性格はいろいろな要素が複雑にからみあいながら、時間をかけて形成されていくものです。それなのに、このような「たったひと言が私をダメにした」的な考え方をする人は、まさに「結論の飛躍」の典型と言えます。

また、塾を経営していた頃、こんな生徒もいました。

ものすごく落ち込んだ様子で塾に来たので、理由を聞いたところ、ため息混じりに消え入りそうな声で、こんな話をしてくれました。

「数日前の放課後、担任の先生に呼び出されて、職員室に行ったんです。そうしたら、推薦入学に必要な書類の一部に書き間違いがあったので、書き直しをして再提出するように言われました。これで、ほぼ確実に決まっていた推薦が取り消されてしまうのではないかと思うと、ここ数日、食事も喉《のど》を通らず、夜も眠れません……」

彼の頭の中では、単なる「書類の訂正」が「推薦の取り消し」という事態にまで飛躍してしまっていたのです。

このような過度の失望とも言えるネガティブな方向へ結論が飛躍してしまうのは、心配性と言われる人たちにとって、ありがちな思考パターンです。

日々このような考え方にとらわれていたら、心の休まる日などありません。レジリエンスという心の自然治癒力も、どんどん弱まってしまいます。

研修や講演でここまで説明をすると、よく出てくる質問があります。

「ポジティブな結論の飛躍だったら問題はないですよね？」

そんなことはありません。ポジティブな結論の飛躍にも問題があります。

なぜかというと、ポジティブな結論の飛躍は単なる妄想であることが多いからです。

例えば、たまたま目が合っただけなのに「あの人は私に恋をしているに違いない。この後、大恋愛に発展するだろう」など過度の期待は、そのほとんどが単なる妄想です。早晩《そうばん》、その妄想は、冷徹で過酷な現実に打ち砕かれてしまうことでしょう。もし下手な行動に出ればストーカーとして逮捕されてしまうことだってあるかもしれません。

ポジティブな結論の飛躍が常態化している人は、妄想癖のある人とも言えます。合理的根拠のないメルヘンチックな未来を想定して過度に期待をふくらませますが、そのほとんどすべてが実現することはありません。

このような人は、失望の連続に見舞われることによって、レジリエンスが弱まり、ますます妄想の世界に逃げ込むという悪循環に陥ってしまうことすらあります。

④と⑤の共通点

④と⑤の考え方に見られる共通点は、「問題解決や目標達成のための方法・手段」が少ないことです。この「問題解決や目標達成のための方法・手段」のことを以下「オプション」と呼ばせてください。

オプションが少ない人の行動は、端で冷静に見ていると、次のように何とも奇妙に見えてしまうものです。

ちゃんと探せば壁の切れ目や壁が低くなっている部分もあるし、ハシゴを貸してくれる人だっているはずなのに、血だらけになりながら一点集中で壁に体当たりを続けている……。そんな人です。

もちろん、本人は真剣そのものなのですが……。

以前、なかなか成績が伸びずに悩んでいる高校生のカウンセリングをしているとき、こんな話を聞いたことがあります。

「学力向上のために、ありとあらゆる方法を試してみたのですが、どうしても成績が伸びません……」

「それぞれの効果を検証していきたいので、具体的にどんな勉強方法を試してみたのか、今から一つずつ教えてください」と私が聞くと、驚くことに「問題集を使いながらの独学」以外の答えを得ることはできませんでした。

本人は「ありとあらゆる方法」と言っていましたが、実際には「問題集を数多くこなす」という、たった一つの方法しか取っていなかったのです。

ただ何冊もの問題集に取り組んではいますので、本人としては、ありとあらゆる方法を試したと思い込んでいたのです。


こんな笑い話のような実例を塾経営時代に私は毎日のように見てきました。

私の研修や講演に参加される方、そして本書を手に取っている皆さんのなかで、④と⑤の考え方が強い人は少ないと思います（理由は後述します）。

ただ、それで安心しないでください。

例えば友達や兄弟姉妹など身近なところに、この考え方が強い人がいるときには、皆さんが知っているオプションをアドバイスするなど、彼ら彼女たちを積極的にサポートしてほしいのです。

特に⑤の考え方が強い人は、注意が必要です。

なぜなら、⑤の考え方が強い人は、オプションが極端に少ないことに加え、問題や試練に対する解釈の幅が非常に狭くなることが多く、自ら命を絶ってしまうなど極端な方法で難局を突破しようとしてしまうことすらあるからです。

もちろん、「⑤の考え方が強い人は、最終的には自殺によって事態を打開する」という考えこそ、まさに結論の飛躍です。ただ、極端な方法で物事を解決しようとする人の割合が①から⑦のなかで最も高いということは事実です。

実はサポートを始めとした人助けをすることによって、オキシトシンというホルモンの分泌量が増えることが分かっています。

このオキシトシンは、別名「幸せホルモン」といわれています。抗ストレス作用や抗不安作用を持っていて、私たちを幸せな気分にしてくれるホルモンです。

また、サポート精神の旺盛な人は、たくさんの良き友人に恵まれます。多くの人を支え、同時に支えられているという安心感を得ることもできるのです。

このようにサポートを始めとした人助けという行為は、あなたのレジリエンスを飛躍的に高めてくれます。

オプションを増やすためにできること

まずは、④と⑤に共通するオプションの増やし方として、行動に関する改善方法からご紹介します。

特に経験が浅い分野では、オプションを増やそうと、いくら懸命に考えても、そう簡単に新しい考えが思い浮かぶことはありません。やはり、その道のプロや専門家が書く本や記事をたくさん読むことです。

前項で「私の研修や講演に参加される方、そして本書を手に取っている皆さんのなかで、④と⑤の考え方が強い人は少ないと思います」と書きました。その理由はまさにここにあります。皆さんには、もともと④と⑤を増やすための行動習慣があるわけです。

そして、もし可能であれば、そのプロや専門家に直接会って相談してみることを強くお勧めします。しかも一人や二人ではなく、できるだけたくさんの人に。

両親、祖父母、いとこ、親の勤める会社の人、学校や塾の先生や先輩、友達の兄弟姉妹などなど、その気になってよく探してみると意外と近くにもセミプロやプチ専門家はいるものです。

そういう人たちの話を聴くことによって、確実に考え方の幅が広がります。そして何より、インスパイアされ（感化され、鼓舞され、良い刺激を受けることになり）、やる気やエネルギーがわきあがってきます。

資格取得や受験のための勉強そしてスポーツに関する分野では、悪いクセを指摘してもらうことが大切です。そのためには、やはり専門家と言われる人から直接の指導を受けることは上達の近道でもあります。

自分で情報を選ぶことのできない紙ベースの新聞を読むことも、とても効果的です。インターネットを始めとした自分で選べる媒体からの情報では、どうしても知識の偏りが発生してしまいます。自分が興味関心のない分野に関する記事を読むことは、とても苦痛な作業だとは思いますが、少しずつでいいのでトライしてみてください。思いもよらぬ分野から、思いがけず斬新なアイデアや発想を得ることができます。

また時間に余裕のある若いときにこそしていただきたいのが、今まで避けていた新しい分野そして新しい人間関係に身を投じることです。

誰にでも食わず嫌いの分野があるはずです。でも、そこから得られる新たな考え方（視点）や人間関係は、一生の財産にもなる、とても貴重なものといえます。

A：Affairs（出来事）

B：Belief（出来事に対する解釈）

C：Consequence（結果）

D：Dispute（自分の考え方［B］に疑問を投げかける）

E：Effect（効果）

エリスのABCDE理論

エリスのABCDE理論

続いて、④と⑤に共通するオプションの増やし方として、思考に関する改善方法をご紹介します。

それがエリスのABCDE理論です。実はエリスのABC理論には続きがあります。

このABCDE理論は本章全体のベースでもあり、①〜⑦すべての考え方に対して効果を発揮しますが、特に④と⑤の考え方に効果絶大です。

まずは、DとEで始まる英単語の説明から入ります。

「D」は、Disputeの頭文字。直訳すると「異論を唱える」という意味ですが、ここでは自分の考え方（B）に「疑問を投げかける」という意味で使っています。

「E」は、Effectの頭文字。「効果」という意味です。

DとEの流れは、こんな感じです。

物事に対する自分の解釈（B）に対して「果たして、本当にそうなのだろうか」という疑問を投げかけ、自分自身と冷静な対話を行います。

そういった意味で、Dは「Dialog（対話）」のDとも言えます。このプロセスから、新たな視点（考え方や解釈）やオプションを手に入れましょう。それが、ポジティブな感情や行動（E：効果）へとつながっていくのです。

人間関係に関するカウンセリングをしているときに、よくある事例をご紹介します。

「Y＝Z」という一般化（公式化）に疑問を投げかける例です。

・兄弟姉妹の中で私だけが、よく親に怒られる
・クラスでもなぜか私だけが、担任の先生によく注意される
・部活でも私だけ顧問や先輩からの指導が厳しい

「怒られたり注意されたりする機会が私だけ多い＝私が一番きらわれている」

これは、私たちが陥りがちな思考パターンです。この思考パターンが強すぎると、必要以上に落ち込んだり、誰かを逆うらみしてしまうなど、立ち直るのに長い時間を要してしまいます。

私はカウンセラーでもありますので、このDの段階で、考え方のオプションを増やすためのサポートとして、次のような質問を投げかけます。

「本当に嫌われているのでしょうか。人って、ある人をとことん嫌いになったら、どんな対応をすると思いますか？」

お分かりですよね。答えは「完全無視」です。

マザー・テレサも言ったように、「愛の反対語は憎しみではなく無関心」です。

怒られたり、注意されたり、厳しくされたりするのは、明らかに愛情や期待の裏返しです。復習になりますが、これこそ「肯定的な意図」というものです。

こう考えられるようになると、気分はずいぶんと楽になるはずです。当然、レジリエンスが高まりますので、立ち直りが早くなります。

⑥劣等比較

比較には二つの対象があります。

一つは自分より劣っている人との比較で、もう一つは自分より優れている人との比較です。

前者の自分より劣っている人との比較を好む人は、優越感に浸ったり、下には下がいると安心することによって、自分が努力しないことを正当化するために比較という手段を用いているような気がします。

ある意味、開き直りとも言えるこのような人たちは、ストレスやレジリエンスとは、あまり縁のない生活をしていることでしょう。悩みは少ないかもしれませんが、成長のない人生ともいえます。充実もしていませんので、決して幸せとはいえません。

レジリエンスで問題となるのは、後者の、自分より優れている人との比較です。

これを「劣等比較」と定義します。

この「劣等比較」は、厳密に言うと、自分より優れている人との比較ではなく、ある人の「優れた一部分」だけを見て、比較してしまう考え方のクセと言った方がよいかもしれません。

順風満帆《じゅんぷうまんぱん》に見えていた芸能人や有名人が、実は人知れずプライベートでは家族問題やうつ病を始めとしたご本人の体調不良など重大な問題を抱えていて、長年それに苦しんでいたという話をよく耳にします。

また、いわゆる成功者や金銭的に豊かな人たちの中には、「それを失う恐怖心」から、幸福感よりむしろ不幸を強く感じている人が意外にも多いと聞いたことがあります。

このように表にはあらわれない、裏側に潜む本人にしか分からない内情は、他人にはなかなかうかがい知ることができません。

それにもかかわらず、他人のある一部だけを見て、うらやんだり、ねたんだりするのは、探せば必ず私たちのどこかにある汚れた部分と言えるでしょう。

自分軸（自分軸に関しては、後ほど詳しく説明します）という独自の価値尺度を持っていないと、この考え方が強くなります。他者との比較で、ついつい自分に「ないもの」や「不足しているもの」などの劣っている点に目が行ってしまうのです。

この「劣等比較」は、学校の成績が良い人やスポーツや芸術に優れている人など、いわゆる好業績者に強くあらわれる考え方でもあります。常に自分に「ないもの」や「足りないもの」を見つけては、それを補うために必死に努力を続けられるハングリー精神が旺盛な人でもあるのです。

成果のためなら競争も厭《いと》わず、あくなき探求心を持ち続け、そして上昇志向が強いのも、この考え方が強い人たちに見られる特徴です。

ただ、決定的な問題点として挙げられるのが、あれもこれもと欲張りすぎてしまい、絶えず「焦り」「嫉妬」「危機感」といったマイナスの感情をエネルギー源にしてしまっていることです。

ときには自分を追い込み背水の陣を敷くなど、覚悟を決め、死にものぐるいで頑張ることは、ものすごく大切なことです。ただ、そればかりだと、やはり疲れてしまいます。

この考え方に支配されてしまうと、際限なく自分を追い込み続け、いつしかラットレースと称される生き方をしてしまう恐れがあります。ラットレースとは、ハムスターが回し車の中で、クルクル回り続けている状態のことです。

何事においても一番になったり、すべての物事を極めたりすることは不可能です。

ラットレースの人生を送っていると、いつか必ず「私は今まで何をしてきたのだろう」と、自分の人生に疑問を抱き、ふと虚《むな》しさを感じるときが訪れます。

失うものも多く、もっと大切な人や物事に時間やエネルギーを使うべきだったと、手遅れになってから後悔することになってしまいます。

他人から見たら、うらやましいほどの才能や能力に恵まれているのに、当の本人は全く気づいておらず、なぜか人知れぬ孤独感やコンプレックスに悩んでいる人が多いのも、この考え方が強い人の特徴です。
②の二分化思考と同じことが言えますが、気張って気丈にふるまうも、意外と折れやすいのもこのタイプの特徴です。
いわゆるスーパースター的存在だった人が「まさか、あの人が！」と信じられないような挫折をしてしまうことがあります。それも、このタイプの人に多く見られます。

もし、みなさんがこの「劣等比較」という考え方が強いと感じるなら、一度、自分を冷静かつ客観的に見てみましょう。

そして、自問してください。

「私にとって恵まれているものは何なのだろうか？」と。

これを習慣づけるだけでも、「安心感」「満足感」「満たされた気分」などプラスの感情をエネルギー源にすることができます。

これ以外にも、この考え方を変える方法がありますが、それは次節と共通しますので、この後まとめて説明させていただきます。

⑦他者評価の全面的受け入れ

イソップ寓話《ぐうわ》の「ロバをつれた親子」という話をご紹介します。

昔、ある国で父親と息子がロバを引いて歩いていました。

その様子を見て町の人々がヒソヒソと話します。

「何て変わった人たちなんだろう。せっかくロバを連れているのに、乗りもせずに歩いているよ。もったいない」

なるほどと思い、父親は息子をロバに乗せました。

しばらくすると老夫婦がやってきて、こう言います。

「元気な若者が楽をして、親を歩かせるとは、ひどいじゃないか」

これまた、なるほどと思い、今度は父親がロバにまたがると、息子が引いて歩きました。

すると、幼子を連れた母親が歩み寄ってきて言いました。

「子供を歩かせるとはひどいわね」

そこで、二人一緒にロバに乗ることにしました。

しばらくすると、中年の男性が近づいてきて言いました。

「それじゃ、ロバがかわいそうだよ。もっと大事にしてやらなきゃ」

すると二人は一本の棒にロバの両足をくくりつけて吊《つ》り上げ、二人で担いで歩き始めたのです。

逆さに吊るされていたロバは苦しかったのでしょう。やがて、二人が大きな川にかかっている橋を渡ろうとしたとき、ロバが突然、暴れ始めました。

棒は折れてしまい、ロバは橋から落ちて、溺《おぼ》れてしまいました。

「他者評価の全面的受け入れ」とは、まさにこの親子のような人のことです。

基本的に人は自分のことは棚に上げて、他人のこととなると無責任に言いたい放題です。その内容は、善意のアドバイスから悪意に満ちた批判まで様々です。

私たちは恐れや甘えもあり自分自身を見る目は曇りがちですが、他人を見る目は鋭く厳しく、しかも正確です。そのため、他者から受ける評価は的を射ていることが多いのです。

他者からの評価は、それが正しければ正しいほど、耳が痛くなります。なかなか素直に受け入れられないこともありますが、手厳しい反面、言われて初めて気づくことも多く、自己改善のためには、取り入れるべき評価は積極的に取り入れるべきです。

また一方で、聞き流すべきところは聞き流しましょう。

人それぞれの視点が異なることから、正反対の評価があることも事実ですので、このメリハリというかバランスがレジリエンス強化には大切なものなのです。

しかし、実際には、他者からの評価に対する対応は両極端に偏っている人が多く、理想的なバランスが取れている人は非常に少ないです。

世の中には、他者からの評価を、全く聞き入れない人もいます。このような人たちは、自己改善によって、自分を高めようなどという気は全くなく、完全に開き直っていますから、ストレスやレジリエンスとは縁がありません。

ただ、その一方で、イソップ寓話の親子のように、すべてを真に受けて聞き入れていたら、それこそ身が持ちません。

繰り返しますが、他者からの評価や忠告は、賢明な取捨選択をして、自己改善の参考にすることが大切です。

⑥と⑦の共通点

⑥と⑦の考え方が強い人たちは、自分自身の価値基準や行動指針とも言える「自分軸」が確立されておらず、周囲の人たちにまどわされてしまっています。
実は、管理職をしている四〇代や五〇代の会社員の中にも、自分軸が確立されていない人は、たくさんいます。

そのような人たちからは「自分軸なんかなくても、普通にちゃんと生きていけますし……」という反論にも似た声をよく聞きます。

自分軸がないことの一番の弊害は、他人の人生を生きてしまうことです。

これって一番恐ろしいことだと思いませんか。

ところで、「自分軸」って一体なんなのでしょうか。

私は「自分軸＝人生の目的＋心のニーズ」と定義しています。

「人生の目的」と「心のニーズ」。

私はこの二つをしっかりと把握できている人を自分軸が確立されている人と呼んでいます。

目的と目標は異なる

ここで、目的という言葉をちゃんと定義しておきます。

というのも、目的と目標を混同している人が多いからです。

目的とは、英語の「Goal」を訳したものです。

人生の目的とは、「人生のゴール」のことであり、「人生の晩年、こんなふうになっていたい」とか「一生涯を通じて、こんなことに取り組んでみたい」というイメージです。

・後悔のない人生を送りたい
・たくさんの人たちに囲まれて笑顔で暮らしていたい
・何か得意分野を見つけて大御所《おおごしょ》と呼ばれるような人物になりたい

イメージですから、このような漠然としたものや抽象的なものになります。

そして、これは次の「心のニーズ」とも強く関連することなのですが、実現可能性や根拠など、いっさい考える必要はありません。

それに対し、目標とは、英語の「Objectives」を訳したものです。

ゴールに到達するまでには、長い道のりを進んでいかなくてはなりません。

目標（Objectives）とは、そのコース上に設定するいくつもの通過点のことで、マイルストーンとも呼ばれます。

・高校を卒業したら、W大学に入学する
・大学入学後は英語力に磨きをかけ、TOEICで八六〇点以上を取る
・卒業後は、コンサルティング業界に就職する
・就職して五年以内に中小企業診断士などキャリアアップに必要な資格を三つ以上取得する
・一〇年をメドに独立をして自分の会社を立ち上げる

このように目標とは、数値や期限や固有名詞が入り、かなり具体的なものになります。

設定する順番も大切

目標の延長線上に人生の目的があるのですが、最初に決めるのは「人生の目的」です。それが決まったら、今現在から近い順に目標を設定していきます。これによって、ゴールに至るまでのプロセスにおいて発生しがちな無駄を少なくすることができます。現状把握や現状分析は一番最後に行います。

これに関しては、現状把握や現状分析から始める志望校選びのプロセスとは反対の順番になりますので、疑問に感じる人も多いと思います。

なぜ現状把握や現状分析が最後なのかというと、そこから始めてしまうと安全圏内で目的や目標を設定してしまうからです。つまり、ショボイ目的や目標になってしまうのです。これでは、自ら可能性の芽を摘むことになってしまいます。

私は人生には二つの苦があると思っています。

① ひとつはゴールが明確でないこと

② もうひとつは、ゴールがあっても、そのゴールに近づいていることを実感できな

いこと
例えば、ゴールのないマラソンに挑戦してみたいと思いますか。

ゴールがないのに走り続けることほど味気なく辛いものはありません。挑戦してみようという気にもなれませんし、仮にイヤイヤ走り始めたとしても、何かちょっとしたアクシデントや障害があったら、すぐ走ることをやめてしまうでしょう。

というか、私だったらアクシデントや障害が発生することを切に願います。それを理由（実際には言い訳）に走るのをやめることができますから。

それでは次に、ユーラシア大陸を一周する総距離一〇万七八〇〇キロメートルのマラソン大会にチャレンジしてみたいと思いますか。

これも走る気になれませんし、実際に走り出しても、全くゴールに近づいていることを実感できませんから、すぐに気力がなえてしまいます。

ところが、途中途中に楽しみになるような、または達成感を味わえるようなマイルストーン（目標）があれば、最後まで走り抜くことが可能になるでしょう。

以上の説明から、目的と目標を設定すること、そしてその順番までもが大事であることをご理解いただけたと思います。

目標設定なんか意味がないと言う人もいる

私が研修や講演でこのような話をすると、「目的や目標設定そのものに意味がない」と反論する人がいます。

そう主張する人に理由を聞くと「だって何が起こるか分からないじゃないですか」という答えが返ってきます。

何が起こるか分からないから、目的や目標が必要なんです。

脅かすようで本当に申し訳ないのですが、歳を重ねるにつれ、突発的なアクシデントに悩まされる機会が増え、物事が計画どおり順調に進むことが少なくなります。「まえがき」にも書きましたが、私のように人生第二の危機にあると、トラブルなんて日常茶飯《さはん》です。自分の人生なのに操縦するのがとても難しくなってしまうのです。

もし目的や目標がなかったら、そのような外乱とも呼べる突発事項に私たちの人生は翻弄《ほんろう》され続けてしまいます。

でも、目的や目標があれば、そのような外乱に翻弄されながらも、その都度、目的や目標を思い出すことによって軌道修正ができます。

もちろん、真っ直ぐに、最短距離で進むことはできないでしょう。ただ、軌道修正して、思い直しながら、少しずつではありますが、ゴールへと近づくことができるのです。

心のニーズとは何か

「心のニーズ」とは、建前《たてまえ》ではなく自分の本心が求めているものです。

もう少し分かりやすく言いかえると、何をしているとき、または、どんなとき、喜びや充実感を得られるか、満たされた気分になるか、幸せに感じるか、その答えが「心のニーズ」なのです。

ですから「心のニーズ」と「人生の目的」は必ずベクトルが一致します。

・人の成長に貢献したい
・困っている人たちの支えになりたい
・自分を表現したい

・人の笑顔に囲まれていたい
・チヤホヤされたい
・目立ちたい（たくさんの人に注目されたい）

「心のニーズ」を真剣に探し求めると、美しいものばかりではなく、後半に挙げた例のように「不純な動機」とも言える、かなり汚れた部分も出てきます。

「建前ではない」というのは、そういうことです。それまで含めて「心のニーズ」なのです。

「自分の本心」という部分もポイントです。「他人の本心」ではありません。

もっと具体的に言うと、自分が喜ぶことであって、親や恋人が喜ぶことではないということです。これが自分の人生を生きることに直結します。

心のニーズが満たされている状態は、大袈裟《おおげさ》な表現をすれば、自分の魂が喜んでいる状態です。心のニーズが満たされていれば、多少つらいことがあっても、へこたれず我慢して、努力を続けることができるようになるのです。

自分軸の確立に伴う副産物

自分軸（「人生の目的」と「心のニーズ」）が明確になると、今がゴールではないということが分かるようになりますので、意味のない比較に心を奪われることが少なくなります。つまり「劣等比較」から解放されることになるのです。

その結果、焦りやいらだちや無力感に苦しむことも減り、今この時点で、本当に大切なことに、意識を集中できるようになります。

また、しばらく経済的に恵まれない時期が続いたり、人から理解されない不遇な時代があったとしても、粘り強く物事に取り組めるようになります。

このように自分軸（人生の目的＋心のニーズ）の確立は、二七ページ「レジリエンスを高めることによって得られる多くの副産物」のなかでもご紹介した「グリット（grit）」の強化にも良い影響を与えることになるのです。

また、自分軸が明確になれば、参考にすべき他者評価と聞き流すべき他者評価をより賢明に選別することができるようにもなります。

①〜⑦の根底に存在する共通の考え方

最後に本章の「まとめ」として、①〜⑦の根底に存在する共通の考え方をご紹介します。

それは「完璧《かんぺき》主義」という考え方です。

「えっ、どういうこと？」と疑問に思う人がいるでしょう。

「完璧主義っていけないの？」と思った人もいるはずです。

本書を手に取っている皆さんは、きっと知的好奇心が旺盛で、周囲の人たちからは「がんばり屋さん」という目で見られることも多いと思います。ですから、普段は意識していなかったとしても、よく探せば、皆さんのどこかに完璧主義という考え方があるはずです。

完璧主義の人は、常に高みを目指し、完成度の高いものをつくりあげようとして努力を続けることができる素晴らしい人たちです。

ただ、成功を強く願う一方で失敗を恐れます。

完璧主義は、成長には欠かせない考え方です。しかし、その一方で失敗というネガティブな側面に敏感になりすぎると、チャレンジ精神に悪影響を与える危険性をもはらんだ「諸刃《もろは》の剣」とも言えます。

完璧主義者は、物事が計画どおりスムーズに進まないことを嫌います。そのため、物事の順調な進行を妨げるアクシデント、トラブル、滞り、ミスなどのネガティブな部分に意識が向かいがちです。これが、「①否定的側面の拡大」という考え方につながります。

また、完璧主義者は短期の視点で物事を「成功（勝ち）」か「失敗（負け）」かの両極端でとらえがちです。これが「②二分化思考」へとつながってしまい、失敗や負けから学ぶチャンスを減らしてしまいます。

完璧主義者にとって、物事は順調に進まなければならず、成功は当たり前のことと考えます。立ち止まることなく、成功し続けなくてはならないと考えている人もいるかもしれません。これは、そのまま③の「当然」「べき」「ねばならない」思考です。

そして、完璧主義者は「失敗＝絶対にあってはならないこと」や「失敗＝悪または恥」という④過剰な一般化でとらえる傾向があります。さらに極端な例として、「失敗は死に値する」という思い込みを持っている人さえいて、受験に失敗しただけで、将来を悲観し自殺してしまう人もいます。これこそ、まさに「⑤結論の飛躍」の最たる例と言えるでしょう。

完璧主義の人は、成功したり、偉業を達成しても、なかなか満足できません。周囲に目をやれば、まだまだ上がいるからです。この程度で喜んでいたり、これくらいで満足していてはダメだと自分を戒めてしまうのです。これは「⑥劣等比較」という考え方です。何でも一番じゃないと気が済まないという考えは、飽くなき欲求につながります。これが行きすぎてしまうと、人生がラットレース（一一三ページ参照）という苦行に変わってしまいます。

完璧主義者は、すべての人たちから良い評価を得ようとしがちです。そのためには、本来の自分をねじまげてまで他人の意見に迎合してしまうこともあります。そうなると「⑦他者評価の全面的受け入れ」につながってしまいます。

このように完璧主義と①〜⑦の考え方は表裏一体であり、レジリエンスを弱めてしまう考え方すべての発生源にもなっているのです。

最善主義という考え方

ここで完璧主義が引き起こす恐怖心を実際に味わってみましょう。

これから、私が説明するとおりに、ある場面を想像してみてください。

今、あなたは三〇階建ての高層ビルの屋上にいます。

すぐ隣には全く同じ高さの高層ビルがあります。

あなたが今いるビルの屋上と隣のビルの屋上には、幅二〇センチメートル、長さが一〇メートルの足場板が架けてあります。

さあ今から、その足場板をわたって、隣のビルに移動してください。

もちろん失敗は死を意味しますから、このとき「究極の完璧主義」が求められます。

心境はいかがですか。

私なんか極度の高所恐怖症ですから、イメージしただけで、喉はカラカラ、心臓はバクバクして、自然と手に汗がにじんでくるくらいです。

現実問題として、このような無理難題をつきつけられたら、この足場板をわたろうとする人はいないでしょう。

私は前項で完璧主義は「諸刃の剣」と言いました。

このように完璧主義は、私たちを萎縮させ、チャレンジするのをあきらめさせてしまう一面を持っているのです。

皆さんには、完璧主義を手放してほしいと思っています。

もちろん、お気楽な生活を推奨したいわけではありません。「テキトー人生が一番いいんですよ」なんて言う気もサラサラありません。

私がお勧めしたいのは、「完璧主義」から「最善主義」へのシフトです。

最善主義とは、「様々な制約のある不公平で理不尽な現実を素直に受け入れ、そんな状況の中で、ベストを尽くそう」という現実的かつ合理的な考え方です。

最善主義は妥協やあきらめ、もしくは、完璧主義の格下げではないかと感じる人がいると思います。

しかし、最善主義は、完璧主義の良い点である「常に高みを目指し、完成度の高いものをつくり上げようという意識」を残しつつも、現実への不満を軽減したり、失敗に対する恐怖心を取り除いてくれる考え方なのです。

つまり、完璧主義をレベルアップしたものが最善主義というわけです。

最善主義では失敗を恥とか敗北などネガティブなものとしてとらえません。それどころか、失敗はまたとない学びのチャンスであり、改善のキッカケであると考えます。また、失敗はより大きな成功に必要不可欠な要素であるとも考えます。

さらに最善主義は、何かを始めるにあたって、条件を設定しません。

哲学者サルトルは「悲しむことはない。いまの状態で何ができるかを考えて、ベストを尽くすことだ」という言葉を残しています。これは最善主義者が何かを始めるときの行動指針とも言えます。

現実問題として、すべての条件が整うなんてことは滅多にありません。条件が整うのを待っているうちに、せっかくのチャンスを逃してしまうことのないよう、思い立ったらすぐに始め、行動しながら改善を繰り返すのが最善主義者の特徴です。

「平穏」と「安心感」は異なる

「チャレンジして、仮に失敗しても大丈夫だ」または「失敗はチャレンジし続けることの中で起こりうる当然の出来事なんだ」という「安心感」（これこそ、まさに最善主義者の心境です）と、チャレンジをしない、または先延ばしすること（これは完璧主義者が陥りがちな行動パターンです）で得られる一時的な「平穏」は、似ているようでまったく異なります。

さきほど、三〇階建ての高層ビル二棟の間に架けた足場板を、今度は地面においた場面を想像してみてください。

失敗が許される状況です。

これこそ「最善主義者」の心境なのです。

緊張や萎縮することもなく、気軽にわたりきることができるはずです。スキップしながらわたる人だっているかもしれません。

失敗する人は少ないとは思いますが、万が一、失敗したとしても大丈夫です。

このように失敗が許される環境であれば、私たちは安心してチャレンジすることができます。

全く同じ幅二〇センチメートル、長さが一〇メートルの足場板をわたるという行為であっても、根底にある考え方次第で、これほどまでに感情や行動に違いが生まれてしまうのです。

完璧主義者は失敗を恐れるあまり、目標を下げてしまったり、挑戦することをあきらめてしまうことすらあります。

また、確実に成功が見込まれるような条件がすべてそろわない限り、始めようとしなかったりもします。そうすると、せっかくの大チャンスを逃してしまうこともあるでしょう。

そうなると後悔も絶えず、自己嫌悪に陥ることも多くなります。当然、レジリエンスは弱まってしまうのです。

最善主義者は現実を冷静に受け止め、数々の制約があるなかでも、その中で何ができるのか、ベストの選択を常に考え、それを実行します。また、仮に失敗しても、それをネガティブにとらえませんので、あきらめることなく、軌道修正をしながらコツコツと努力を続けられるのです。

恐怖心を抱いていたり、萎縮していては、柔軟な発想も生まれませんし、チャレンジングな行動もできなくなってしまいます。

ところが、安心感があれば、やってみようという意欲だけでなく、継続しようという意志も生まれます。のびのびと行動できますので、本来の実力も発揮できるはずです。

最善主義から生まれる安心感は、「〇〇したい」という前向きな願望をも生み出します。

さらに安心感は柔軟な発想の源にもなります。そして、柔軟な発想からは、多くの斬新なオプションが生まれます。

経営学者ピーター・ドラッカーは「人は優れているほど多くの間違いをおかす。優れているほど新しいことを行うからである」と言いました。

確かに新しいことを行えば、失敗することも増えるでしょう。でも、多くのオプションが見つかれば、この方法がダメだったとしても、まだまだ別の方法が残っていますので、目標達成に向け、あきらめることなく努力を続けることができるはずです。

第1章の最初の部分（一六ページ）で、「大きなチャレンジを前に尻込みしているあなたの背中をそっと優しく押してくれるのもレジリエンスなのです」と書きました。

安心感が私たちの背中をそっと押してくれます。そんな安心感を生みだし、健康的なチャレンジ精神を育む最善主義は、レジリエンスを飛躍的に高めてくれる考え方なのです。

私自身の過去を振り返ってみても、心と体のバランスを崩すキッカケは、例えば聞き伝えで自分の悪口を耳にするなど、本当に些細《ささい》なことだったりします。そういった意味でも、人間は大変もろく繊細な生き物です。

冷静に分析すると、性格を構成する三要素のうち、どれか一つがマイナス方向に向かってしまい、それを早期に修正できなかったことが、いわゆるスランプを始めとした長期低迷の原因になっていました。

さらに、今まで私が仕事で接してきた方々にも目を向けてみます。

塾経営時代と予備校講師時代、私は生徒と保護者双方のたくさんの悩み相談に対応してきました。

そして、今の人材育成コンサルタントそしてカウンセラーの仕事になってからは、塾や予備校時代と比べ、相談者の年齢の幅は広がり、相談内容も多岐にわたっています。

それに伴い、悩み相談に対応する人の数も増えています。

また、今回本書を執筆するにあたり高校生、大学生、その保護者や先生方、さらには若手社員の方々にインタビューを実施しました。

私自身の体験を振り返ることに加え、いろいろな人たちの悩み相談やインタビューを通じて、ひとつ感じたことがあります。

それは、年齢性別に関係なく共通する普遍的な悩みがあるということです。

そのほとんどが「セルフコントロール」に関する分野、つまり自己を律することの難しさです。

多くの悩み事がセルフコントロールができないことに端を発し、それが理想と現実のギャップを広げ、最終的には自己嫌悪につながっています。

自分を嫌えば、レジリエンスには決定的なダメージが与えられ、自信も失います。

また、レジリエンスという精神的回復力が弱まると、場合によっては、自暴自棄《じぼうじき》という制御不能ともいえる最悪の事態にまで発展してしまうことすらあるのです。

その一方で、セルフコントロールに関する諸問題を解決することができれば、その成功体験によって、自信や自己肯定感、そしてレジリエンスは強化されることとなります。自信、自己肯定感、レジリエンスは精神的な基盤です。私たちを根底から支え続けてくれるものであり、精神の安定には欠かせないものと言えます。

そこで本章では、セルフコントロールに関する代表的な五つの問題を具体例として挙げ、その解決方法を解説していきます。

やはり、浮上のカギは、早め早めに「思考」か「行動」のどちらかを自分の意志でプラス方向に変えていくことです。

ただ、行動を自分の意志で変えることの難しさは第2章の五九ページでもご紹介したとおりです。簡単そうで意外と難しいです。

そして、六一ページ「すべての物事は二度つくられる」でも説明したとおり、行動の出発点は思考です。

やはり、まずは「思考」への働きかけを優先します。「新たな知識の吸収」「解釈の変更」「今までとは異なる別の見方」を通じて、あなたの視点や考え方を増やしていきましょう。

また、これも「思考」への働きかけになりますが、理論的な部分をしっかり理解することも大切だと私は考えています。

そして、その次に、どのようにして行動を変えていけばよいのかまで含めて、本章では、よくありがちな問題や悩みの解決方法をご紹介していきます。

カルテ① いつも上の空で今を生きられないA君

症状：常に「前（未来）」か「後（過去）」か「横（他人）」つまり「不安」か「後悔」か「比較」に心を奪われていて「今」に目を向けることができない。

新しい彼女がいるのに元カノの事を考えていたり、授業中に他のことを空想していたりなど、常に心ここにあらずの状態が恒常化しているため、集中力に欠け、何事においてもうっかりミスが多い。

マルチタスクは脳を破壊する

マルチタスクという言葉をご存知ですか。

マルチタスクとは、複数のことを同時に行う、いわゆる「ながら行為」のことです。例えば、「スマホをいじりながら、授業を受けていたり」、「誰かとお喋りしながら、片手間で宿題やレポートに取り組んでいたり」などの行為です。

複数のことを同時にこなしていると爽快《そうかい》に感じたり、何だか自分ができる人になったような気がしたり、ときには多忙を極めるそんな自分に酔いしれてしまったりする人もいます。

ところが、脳はもともと複数の課題に集中することができないようになっています。これは脳科学の分野では二重課題干渉と呼ばれている現象なのですが、同時に二つのことを並行して行うと、結果的により多くの時間がかかるだけでなく、ミスも増えることが分かっています。

つまり、マルチタスクという行為は、時間を節約しているような気になっているだけで、実際には時間の浪費になっているだけなのです。

マルチタスクの弊害は時間の無駄にとどまりません。マルチタスクを長く続けていると、脳の認知機能低下にもつながります。

このマルチタスクが常態化すると、もともと一つのことにしか取り組めないようになっている脳は常に「いっぱいいっぱいの状態」を強いられることになります。その結果、ストレスホルモンの一種であるコルチゾールの値が高くなることがわかっています。

これによって免疫力が低下するだけでなく、脳の海馬《かいば》という部分を萎縮させ、記憶力の低下をもたらします。

何かひとつのことに取り組んでいても、別のことを考えているなど、心ここにあらずの状態であれば、もちろん脳の中はマルチタスクと同じ状態になっています。

ですから、カルテ①に登場するA君の脳は、慢性マルチタスク状態と言えます。

A君の症状は良い結果を残せない人の一番の特徴

塾や予備校で教えていたときも今の社員研修の仕事をしていても、良い結果を残せない人の一番の特徴は、A君と同様に今ここにいられない人たちです。

A君タイプの人は、体はここにあるものの、意識は常に別のところに置き去りにされています。

塾や予備校時代、ちょっと生徒たちの言動を見ているだけで、すぐに「この人はA君タイプの人だな」と分かりました。

いつも、そわそわしていて落ち着きがなく、授業中も次のようなお喋《しゃべ》りばかりです。

「そういえばさ、今日の〇〇先生、マジで笑えたよな」（過去）

「それでこの後、塾が終わったら、一旦セブンに集合な」（未来）

「話変わるけどよ、〇〇君、またこの前の模試で学年一位だったらしいぜ」（比較）

もうこうなるとコルチゾールが脳の海馬を萎縮させ記憶力を低下させる以前の問題で、これだけ授業に集中していなければ当然、何も頭の中に残りません。

実は大人になってもマルチタスクがクセになっている人が多く、そういう人たちは例えば大事な仕事の打ち合わせ中も別のことを考えていますので、メモを取っても、どこに書いたかを忘れてしまいます。

後になって、それを探すために多くのエネルギーと時間を費やしたり（もちろんイライラしますので精神的にも疲弊します）、当事者に確認しなければならなかったりなど、結果的に仕事を増やすだけです。

それだけならまだよいのですが、最悪のケースでは、そのメモを取ったことや打ち合わせ中に交わした約束自体を忘れてしまっています。

こうなると致命的です。信頼そのものを失ってしまいますから。

期限に間に合わなかったり、うっかりミスや抜けや漏れが多かったり、すぐに約束を忘れたりの常習犯とは、誰もおつきあいしたいとは思いませんよね。

マルチタスクが常態化した、いつも「いっぱいいっぱいの人」は、典型的な自滅タイプと言ってもいいくらいです。

授業中でも、友達とお喋りをしているときでも、ボーッとしてしまうことが多く、気づいたら別のことを考えていたなんてことはありませんか。

自分の中に、ちょっとでもA君がいるならば、早めの手当が必要です。

マインドフルネスという処方箋

これは思考と行動の両方に対する取り組みになりますが、A君の症状に最も効果的なのは、マインドフルネスの実践です。

マインドフルネスに関しては、初耳という人がほとんどだと思います。

「ながら行為」をすべて排除し、今現在、行っている行為そのものに集中している状態を「マインドフルな状態」と呼びます。マインドフルは形容詞なので、その名詞形がマインドフルネスになります。

ある方法（後述します）によって、このマインドフルな状態をつくり出すことがマインドフルネスの実践というわけです。

マインドフルネスの本場であるアメリカでは進学校の授業にも積極的に取り入れられていますし、グーグル、アップル、P&G、インテル、フェイスブック、ナイキなど超有名企業の社員研修にも取り入れられています。特に社員研修は、数カ月待ちになるほどの人気講座としても知られています。

また、故スティーブ・ジョブズなど米国の著名な経営者たち、レディー・ガガ、ミランダ・カーなどのアーティストやモデル、ノバク・ジョコビッチやタイガー・ウッズなどのアスリートが実践していることでも有名です。

さらに、アメリカ心理学会では、ストレス対策の柱としてマインドフルネスが推奨されています。

にもかかわらず、日本では全く普及していません。その理由は、その手法にあります。瞑想《めいそう》を主たる手法としているからです。日本で瞑想というと、ほとんどの人がスピリチュアル系とか新興宗教、カルト集団のような怪しいものをイメージしてしまいます。瞑想と言っただけで、拒絶反応を示され、敬遠されてしまっているのが現状です。

ただ、瞑想は、簡単に言えば呼吸法のことです。全くいかがわしいものではありません。

なぜ呼吸法がメンタルに良い影響を与えるのか

自律神経という言葉を、どこかで聞いたことがあると思います。

自律神経と聞いて、すぐに自律神経失調症という病気を連想した人もいるでしょう。

自律神経とは、睡眠中であっても、循環器、呼吸器、消化器、発汗や体温調節、内分泌機能の制御など、私たちの生命維持をつかさどってくれている大変ありがたい神経です。

生命維持という非常に重要な役割を担っているため、私たちが意識をすることなく自動的に働き続けてくれるというメリットがあります。

ただ、その代わりとしてデメリットもあります。

私たちの意志でコントロールすることができないのです。

例えば、何かの重要な発表前に、緊張してバクバクしている心臓を、私たちは自分の意志の力でなだめることはできません。また、緊張すると、お腹を下してしまう人もいると思います。そんなとき、私たちの意志の力で腸の活動を抑えることもできません。

ただ、私たちの生命維持活動の中で唯一、私たちの意志でコントロールできるものがあります。それが呼吸です。

自律神経は交感神経と副交感神経という二つの神経で構成されています。

緊張しているときやストレスを感じているときには交感神経が活発になります。そして、リラックスしているときには副交感神経が活発になります。

俗に言う「自分を見失っている状態」とは、交感神経が優位に働いているときのことを言います。もし副交感神経を自分の意志で活発に働かせることができれば、落ち着いて冷静に対応できる状態を意図的につくりだせるということになります。

そして、その方法が呼吸法なのです。

実は、呼吸と自律神経は連動していて、息を吸っているとき交感神経が活発になり、息を吐いているときに副交感神経が活発になることが分かっています。

短く吸って、長く吐く呼吸法は、副交感神経を活発にさせ、冷静さを取り戻すなどのリラックス効果があるということは医学的にも証明されているのです。

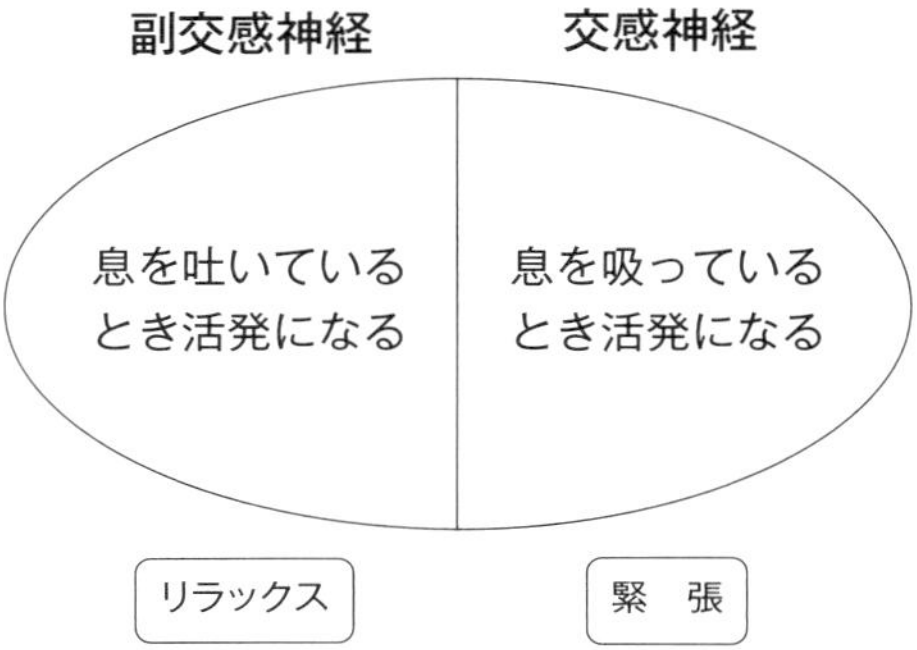

自律神経の構成

また脳科学的にも瞑想の効果は証明されていて、瞑想をすると「セロトニン」という脳内ホルモンの分泌量が増えることも分かっています。

セロトニンは集中力を始めとした人間の精神面に大きな影響を与え、睡眠の質や精神の安定などにも関与することから一〇五ページでご紹介したオキシトシンと並び別名「幸せホルモン」とも呼ばれています。

昔から「一拍おく」とか「間《ま》を取る」など、何か一大事に遭遇したときには、一旦その状況からはなれ、ひと呼吸おいて仕切り直しすることが大事だと言われてきました。きっと昔の人は経験でその効果を実感していたのだと思います。今では過去からの経験則だけでなく、医学的にもその効果は証明されているわけです。

このように呼吸法の効果を理論で理解することは思考への働きかけになります。

呼吸法の具体的な方法とその他の効果

マインドフルネスは仏教が起源になっているため、その呼吸法は、仏教の坐禅《ざぜん》から、宗教的な要素を取り除いたものになります。

一番簡単で手軽な方法としては、椅子《いす》にゆったりと腰掛け、まずは呼吸にのみ意識を向けます。鼻から吸って、口から吐きましょう。

一：二を目安に、吸う息を短く、吐く息を長くが基本です。

目は閉じた方がよいですが、もしそれで不安に感じるのであれば目を開けていても構いません。

呼吸にのみ意識を向け、この一：二の呼吸をしばらく続けます。

そして、この呼吸に慣れてきたら、次に、この一：二の呼吸を続けながら、「今の身体感覚」に意識を向けます。

聴覚であれば、「風や雨の音」「鳥の鳴き声」「工事の音」「近所の犬の鳴き声」が聞こえるなど、聞こえてくる音に意識を向けます。

触覚（肌や体の感覚）であれば、「目元が痙攣している」「顔や頭がかゆい」「肩や腰がこっている」「手がポカポカしてきた」などの肌や体に感じる感覚に意識を向けます。

嗅覚《きゅうかく》であれば、「コーヒーのかおり」「芳香剤のにおい」「排気ガスくさい」など、今感じるにおいに意識を向けます。

心地よいものでも不快なものでも構いません。その日ごと、季節ごとに感じる音や体の感覚、においは確実に異なります。その変化を感じ取ることが大切なのです。それ以外は無心になることが基本です。

ただ、始めたばかりの頃は必ずと言ってよいほど、雑念が頭に浮かんできます。

「あっ、○○ちゃんにメールの返事を書くのを忘れてた」

「こうやって何にもしないのって退屈だなー」

「こんなことやってて本当にレジリエンスに効果があるのだろうか」などの考え。

「何だかバカバカしくて、急に腹が立ってきた」

「何にもしないで呼吸に意識を向けるのって、意外と気持ちいい」などの感情。

もし、このような考えや感情が思い浮かんだら、それを否定するのではなく、眺めてください。

「ああ、今私はこんな事を考えているんだー」または「こんな感情を抱いているんだなー」という感じです。

雲を眺めるように、自分の思考や感情を客観視するのです。そうして、その思考や感情が自然に流れていくのを待ちます。雑念が流れて消えてしまったら、また今の身体感覚に意識を戻します。

意外に思われるかもしれませんが、マインドフルネスの目的はリラックスすることではありません（結果的にリラックスすることができます。ただ、それが一番の目的ではありません）。

今に意識を向け、今の自分に気づくことが目的です。

ですから、前述のように、その身体感覚が快でも不快でも構わないのです。

特に「今の感情」に気づくことは、とても大切なことです。

本書でも再三お伝えしているように感情をコントロールする（感情を自在に操ったり、自分の思い通りに別の感情に変えてしまう）ことはできませんが、なだめることはできます。

例えば、パニックを起こして取り乱している人や怒り狂っている人は、自分が今そのような状態になっていることに気づいているでしょうか。

もちろん、気づいていません。というか、気づいていれば、取り乱すことも怒り狂うこともできませんよね。

つまり、もし気づけたら（または気づいてしまったら）、ほんの少しではあるかもしれないけれど、その自分を見失っている状態から冷静さを取り戻すことができるのです。

私たちの意識は、たいてい過去か未来に向かっていて、めったに今この瞬間に向いていません。一日の中のいくつかの瞬間を「目覚めている（〝今〟に意識を集中できている）」瞬間にするのがマインドフルネスの一番の目的なのです。

この呼吸法の理想の時間は一〇～一五分と言われていますが、二～三分くらいでも構いません。

長さは、あまり問題ではなく、それより、習慣として続けることの方が、はるかに大事です。もし可能であれば、一日に何回か実践してください。

なぜ学校だけでなく、企業研修で導入されたり、超一流のアーティストやモデル、アスリートが実践しているのかと言うと、その理由は効果にあります。

まずは前項でも説明したメンタル面の効果として、ストレス軽減、不安感の除去、幸福感アップ、前向きな気分、精神安定などが挙げられます。

学習面の効果としては、集中力、記憶力、想像力、創造力のアップが挙げられます。

さらに、コミュニケーション面では、共感力や他人への思いやりが増すという効果が挙げられます。

カルテ② 被害者意識の強いBさん

症状：人生は他人や環境に左右されてしまうものであり、自分の力ではどうすることもできないと考えている。最近、あきらめの境地に達してしまっていて何事においても無気力。

被害者意識における被害者とは？

まず被害者の定義をしておきましょう。

ここでいう被害者とは、実際に何かの被害に遭った人という意味ではありません。自分の身に起きた好ましくない出来事を、すべて自分以外のせいにする人のことを、本書では「被害者」と定義します。

・私がこんな性格になってしまったのは親の育て方が悪かったせいだ

・私の成績が伸びないのは、日本の教育制度が悪いことと先生の教え方が下手だからだ

・私の就職活動がうまくいかないのは、採用担当者の見る目がないこと、景気が悪いことに加え、日本政府が無策だからだ

このように、私は悪くない、悪いのは「〇〇だ」というように、ネガティブな出来事の原因を常に自分以外に見つけようとする人を「被害者意識の強い人」と定義します。

被害者意識の強い人は、「自分の人生は他人や環境に支配されている」と考えていますので、いつもどこかに無力感を抱いています。あらゆる物事に関して消極的になり、やる前からあきらめてしまう人もいます。依存性が強くあらわれ、誰かに気に入られることに注力する人もいます。

また、自分の力ではどうにもならないそのもどかしさから、他者攻撃や制度批判などに走ってしまう人もいます。自分がうまくいかないことを、全く関係のない他人のせいにして、その人を勝手に逆恨みしSNSに悪口を書き込むなど、実際に報復行為に出てしまうような人が、その例として挙げられます。

他人や景気、制度など自分の力が及ばない（自分の力で変えることができない）人や物事が、どうしても気になってしまうという人は、どこかに被害者意識の芽があるかもし

れません。

自分の人生を自分でデザインして生きていくためにも、少しでも被害書意識を感じている人は、今のうち早めに手当をしておきましょう。

人生における天動説と地動説

もちろん被害者と反対の意識を持つことが打開策になります。

ただ、本書では被害者の定義を「実際に何かの被害に遭った人」としていませんので、「被害者」の反対語は「加害者」ではありません。

それでは、本書における「被害者」の反対語は何だと思いますか？

本書では、被害者の反対語を「主体者」「選択者」「責任者」と定義します。

主体者とは、「自分の人生は自分次第で何とかできる」と主体的な考え方ができる人です。

被害者意識の強い人は、人生を天動説でとらえていますので、自分以外のすべての人や事柄の動きに自分が影響されていると考えます。

実は私たちは皆、幼い頃はこの天動説を信じていたはずです。なぜなら、良い意味でも悪い意味でも、幼い頃の私たちは親や生まれついた環境によって人生が大きく左右されてしまうからです。

そのため、幼い頃は、誰もが親や身近な大人たちの顔色をうかがいながら、大人たちが喜ぶようなことをしなくてはなりませんでした。生きていくための十分な知識もなく、あまりにも非力であるため、親を始めとした最も身近な大人たちに依存するのは、生き残っていくためには仕方のないことだったのです。

ただ、大人になるにつれ、この生き方を変えていかないと親を始めとした自分ではない人の人生を生きてしまうことになります。

私がカウンセリングをしていても、親に従い続け（親に支配され続け）、親の喜ぶような人生を歩んできた人が、自我に目覚めた瞬間から自分の人生に疑問を持ち始め、本来あるべき理想の自分と現実の自分とのギャップに苦しみ、歳《とし》を取りやり直しがきかなくなった時点で、親を激しく怨《うら》むようになったケースを数多く見てきました。

主体者意識が強い人は、人生を地動説でとらえます。

地動説を信じている人は、自分が動けば、他人や状況を変えることができると考えています。「暗いと不平を言うよりも、すすんで明かりをつけましょう」の精神を持った人たちのことです。

主体者意識が強い人は、良い結果であっても、悪い結果であっても、それは自分の行動が原因になっていると考えます。

ただ、ここで注意してほしいのは、悪い結果が出てしまったとき、自分を卑下《ひげ》したり、自分が悪いと、自分を責めるようなことを勧めているわけではありません。それでは自己否定と同じことになってしまいますので、レジリエンスは弱まってしまいます。

自分にとって不本意な結果であって、それを他人や環境のせいにするのではなく、もし自分に原因があるとしたら、それは何なのかを考えてください。そして、出てきた答えに対して改善の努力をすることが大切です。

主体者意識を持ち、自分が肯定的な言動を続ければ、自分の周りの人たちや環境にも肯定的な影響を与えることができると信じましょう。

過去と他人そして社会情勢を変えることはできませんが、過去に起こった出来事の解釈と自分の言動は変えることができます。もちろん未来は今からの積み重ねによって、いくらでも変えることができるのです。

このように「自分の人生は自分次第」という前向きな考え方ができるようになれば、それが、建設的な行動へとつながっていきます。

哲学者のラッセルは『幸福論』の中で「賢人は、妨げうる不幸を座視することはしない一方、避けられない不幸に時間と感情を浪費することもしないだろう」と言っています。

主体者は、自分の意志で変えることができる自らの思考と行動に意識を集中し、エネルギーを注ぎます。その一方で、他人を始めとした自分の力で変えることができない事柄に無駄にエネルギーを注ぐようなことはしないのです。

今の自分は過去の選択の結果

ダイエットや勉強をイメージしていただければ、すぐにわかると思いますが、短期の視点に立ちラクな選択ばかりしていると、後々、中長期の視点に立ったとき猛烈に後悔することとなります。また、その選択に人がからんだ場合、その人に強い怨みを抱くことさえあります。

私が実際にカウンセリングをした人の例を二つご紹介します。

U君「本当は学生時代に留学をしたかったのですが、家が貧しかったせいもあり留学ができませんでした。その結果、今の私は、このようにしたくもない仕事をするという不本意なキャリアを歩んでいます」

Mさん「学生時代に大恋愛をしました。彼とは真剣に結婚を考えていたのですが、親の猛反対に遭い、結局、親が勧める人とお見合いをして結婚することとなりました。好きでもない人と結婚させられ、今の私は本当に不幸です」

結局、無難な道を選んだのも親に従う道を選んだのも本人です。これが選択者という人たちの考え方です。

実際、世の中には、食べるのに困るような極貧生活のなかにいても、アルバイトで必死にお金をため、片道切符だけでアメリカに渡り、成功している人もいます。

親の猛反対に遭いながらも、駆け落ち同然で愛する人と結婚して幸せな生活を送っている人たちだって、たくさんいます。すべて自分が選んでいるのです。

非常に厳しいことを言いますが、自分が過去に行ってきた数々の選択の結果が、今の自分です。最終的に、決めたのは他の誰でもなく、あなた自身なのです。

被害者の特徴は責任転嫁《てんか》です。一方で、選択者は自分の選択に責任があると考えています。そういう意味で「責任者」という言葉も被害者の反対語として挙げています。

「主体者」「選択者」「責任者」の意識が強い人は、人生の目的と心のニーズを明確にして、中長期の視点に立ち、その人生の目的と心のニーズに合致する選択肢を選び、主体的に責任を持ってそれを実行できる人なのです。

カルテ③　マイナスの感情に振り回されてしまうC君

症状：「不安」「怒り」「嫉妬《しっと》」などのマイナスの感情に振り回されてしまうことが多く、ときに冷静さを失い自暴自棄な行動をしてしまう。

マイナスの感情によって得をしてきた過去がある

「悲しみ」や「怒り」などマイナスの感情は誰でも、できれば避けたいと思っています し、もしそのような感情に陥ってしまったら、一刻でも早く、抜けだしたいと思うはず です。

それにもかかわらず、なぜ私たちは、こうもたびたび、このマイナスの感情に支配さ れてしまうのでしょう。

マイナスの感情が繰り返し起こってしまうのには、ある意外な理由もあります。

特に幼い頃、私たちはこのマイナスの感情によって、数多くの得をしてきました。こ の成功体験こそ、マイナスの感情が繰り返される原因にもなっているのです。

「えっ?」と思われた人も多いことでしょう。具体例で説明します。

幼い頃、私たちは悲しくてメソメソしていると、普段は注目されることはなくても、 このときだけは、注目の的となりました。そして、親を始めとした身近な人たちに、優 しくしてもらったり、なぐさめてもらったりした経験は誰にでもあるはずです。

怒っているときにも同じようなことがあったはずです。その怒りの感情を露骨に表情や態度にあらわすことによって、やはり身近にいる大人たちや友達が、なだめてくれたり、ご機嫌を取ってくれるなど、親身に対応してくれました。なかには先回りして、怒りの原因を取り除いてくれた人だっていたはずです。

このマイナスの感情とそれに伴う一連の動作（表情や態度）によって、無言のうちに何の努力をすることもなく、大人や友達を思い通りに操ったり、たくさんの心理的または物理的な見返りを得ることができたのです。

このような過去の成功体験は、「なぜこれほどまでにたびたびマイナスの感情が生じてしまうのか」、その理由の一つとして挙げることができます。

しかし、このやり方は今後も効果を発揮してくれるものなのでしょうか。

冷静に自分の身のまわりの人たちに目を向けてみてください。

些細なことでメソメソしたり、腹を立て、その感情を露骨に顔や態度にあらわす人を見て、どう思いますか。

悪い意味で「子供」です。ただの面倒くさい人です。周囲からは、次第に避けられ、疎まれることになってしまうでしょう。

マイナスの感情をプラスの行動につなげる

マイナスの感情は合理的に働いてくれないため、これほど厄介なものはありません。

特に怒りや嫉妬は非常にエネルギーが強いため、その対象相手を倒そうとか、足を引っぱろうとか、具体的な妨害行為に走らせてしまうことすらあります。もし、暴力などの違法な手段に出れば双方が（実際には自分の方がはるかに）損をするだけです。

それが無理ならせいぜい一矢を報いるために、陰で悪口を言って回ったり、密かに失敗を願ったりすることもあるでしょう。

しかし、たいていの場合、相手はあなたが嫉妬していることや逆恨みしていることを知りません。つまり何とも思っていないのです。

こんなバカバカしいことはありませんよね。だって、あなたは完全に相手に心を奪われているのに、相手はあなたのことを屁《へ》とも思っていないんですから。

どうせ感情を変えることができないのなら、マイナスの感情はエネルギーとしては非常に強いものなので、いっそのこと利用してしまいましょう。

例えば、不安というマイナスの感情があるなら、その感情を抑える必要なんかありません。というか本書で再三繰り返してきたように私たちの感情は抑えることができません。だったらポジティブな行動へのエネルギー源として活用するべきです。

具体例として、何かの発表前に不安で眠れないのなら、ベッドの中で悶々《もんもん》としているのではなく、起きてしまいましょう。そして、全体の流れ、それぞれの項目の順番と内容を確認するなど発表の準備をしてください。

教師や管理職社員などいわゆる指導者といわれる人たちから、よくこんな話をお聞きします。

「私たちはプレゼンテーションの失敗や出来が悪かったこと自体を責めているのではありません。その失敗や完成度の低さが明らかに準備不足からくるものだと分かっているから、それを責めているのです」

とりわけ怒りと嫉妬は長く尾を引いてしまう傾向がありますので、それをプラス行動のエネルギーとして活用してしまえば、これほど便利なものはありません。

悪口を言ってまわり、あなたの賛同者を増やしたところで何のプラスにもなりません。

それだったら、足を引っぱることに頭を使うのではなく、自分の努力でその人より上に行くことを目指す方が、はるかに健全と言えるでしょう。

特に嫉妬から派生する復讐《ふくしゅう》心は思考をマイナスの方向へ向けてしまいますので、レジリエンスを著しく弱めます。

村上龍さんは、高校生時代の実体験をもとにした自伝的小説『69 sixty nine』の「あとがき」で、このように言っています。

「彼らをただ殴っても結局こちらが損をすることになる。唯一の復讐の方法は、彼らよりも楽しく生きることだと思う」

相手に心を奪われていては、もったいないです。自分にとってプラスになることに意識を向け、そこにエネルギーを注ぐなど、自分のよりよい未来のためにマイナスの感情を建設的に活用しましょう。

激しい怒りと嫉妬を夢実現のエネルギー源にした実例

もう一〇年以上も前の話になりますが、当時、私はコーチングの講座を定期的に開催し、私の知るすべてのノウハウをそこで公開していました。ある日を境に、突然、音信不通になってしまった生徒さんがいて、「そういえば最近、彼は来ないなー」と、どこか頭の片隅で気になっていました。

ある日、書店に行くと、何とその人が出したコーチングに関する本が新刊コーナーに並んでいるではないですか。すぐ手にとってページをめくってみると、そのほとんどすべてが私が講座で公開していた内容の受け売りでした。

私はそこに積まれていた彼の本をすべてつかみあげ床にたたきつけてやりたいほどの怒りと嫉妬に打ち震えました。

しかし、嫉妬心に燃え、怒り狂っている自分に気づいた瞬間、ほんの少しではありますが冷静になれました（これは、一五二ページの具体例です）。

そして、突然「私は本気で本を出したいと思っているんだ」という心のニーズに気づいたのです。実は、ずっと漠然とではありますが、本を出したいという気持ちはありました。ただ、どこかであきらめていたのも事実です。

彼は私のリミッターを外してくれた恩人になりました。私はすぐ自宅に戻ると、その日のうちに、思いつく出版社に手当たり次第にメールで問い合わせをするなど、夢実現のために自分にできる建設的な行動を取っていきました。

そして、その一年後には書店に並ぶ自分の本を前に震えるほどの感動を手にすることができたのです。

著作権法違反だと彼を訴えることができたかもしれません。しかし、彼を懲らしめるというマイナスの行動に出るのではなく、自分にとってプラスとなる行動に出たほうが、はるかに健全であり建設的と言えるでしょう。

特に嫉妬という感情は、自分が本心から求めているもの、つまり「心のニーズ」を知る最良の手がかりになるものです。自分が手にしたいと思っていないものに激しく嫉妬することはありませんから。

私はあのとき書店で彼の本を床にたたきつけていれば、ほんの一瞬だけスッキリしたかもしれません。でも、ちょっと考えれば、それは得策ではないことが分かります。良くて弁償（これでは彼の本の売り上げに貢献するだけです）、悪ければ警察沙汰《ざた》になってしまうなど、私には何のプラスにもなりません。しかも、このことによって、彼は何ひとつダメージを受けないのです。

このようにマイナスの感情から派生する強いエネルギーは、使い方次第で毒にも薬にもなります。だったら自分の大切な時間とエネルギーを怒りや嫉妬の対象となる人物に捧げるのではなく、自分のために使った方がいいですよ、絶対に。

そして、近い将来、自分の夢を実現したとき、その人に対する怒りや嫉妬は、深い感謝の気持ちに変わっているはずです。

カルテ④　**単調で地味な作業に興味を持てないD君**

症状：一見、不毛な時間や活動に対して意味づけや肯定的な解釈をすることが苦手。物事に取りかかるまでに時間がかかり、しかも集中力ややる気が持続しない。

白無地のジグソーパズル

ジグソーパズルと言えば、たいてい美しい風景を始め様々な絵柄があるものです。完成図というイメージがあるからこそ、そのプロセスは容易になり、完成までの時間を短縮することができます。また、美しい絵柄は、モチベーションの維持や完成したときの喜びにもつながります。

さて、あなたに質問です。

目の前に一箱のジグソーパズルが用意されました。

箱を開けてみると何とすべてのピースが真っ白です。つまり絵柄なし白無地のジグソーパズルが用意されていました。取り組んでみたいと思いますか。

死ぬほど暇であっても取り組もうという気にはなれないでしょう。

では、その理由は？

答えは「意味がないから」もしくは「意味不明」だからです。

実はこの白無地のジグソーパズルは宇宙飛行士の選抜試験に使用されているそうです。宇宙飛行士に絶対的に必要とされる忍耐力を試すためです。

もし、あなたが幼い頃から宇宙飛行士になることを夢みていたとしたら、こういった意味づけをされた瞬間、白無地のジグソーパズルに取り組む姿勢が一変することでしょう。

勉強、スポーツの練習、健康づくりや病気の治療に目を向けてみましょう。そのプロセスのすべてに関して言えることは、一見するとこの白無地のジグソーパズルに取り組んでいるようなもので、味気なく辛い作業です。その効果もなかなか実感できません。

本当に困ったことですが、そこにつぎ込んだ時間やエネルギー、お金に比例して成績が向上したり、技が上達したり、数値が改善してくれるわけではありません。場合によっては、懸命に努力しているのに、一時的に結果が悪くなることすらあります。

栄光の裏には、一見「無意味」に思えてしまうような単調さが必ず存在する

私たちは意味のない作業に時間を使うことを極端に嫌います。ただ、そのほとんどが短期の視点に立っていることが多いのも事実です。

勉強、スポーツの練習、健康づくりや病気の治療、そのすべてが中長期の視点に立てば、非常に価値のあるものです。ただ、なかなか効果や進歩を実感できないというのが現実です。

すると、意味のない作業をしているような錯覚に陥ってしまいます。

「こんなことをしていても意味がないのではないか」「やってもムダなのではないか」そのような疑いが生じた瞬間にモチベーションは一気に下がり、継続が非常に難しくなります。そして逃げたり、あきらめたりといったラクな選択をしてしまうのです。

ここで一つ私の大好きな言葉を紹介します。

それは「fruitful monotony（実りある単調）」です。

私は単調さそのものに意味や価値があると言いたいわけではありません。ただ、意義ある大きなことを成し遂げるそのプロセスには、必ずそこに、ある種の単調さが存在するというのは、まぎれもない事実です。

私たちは他人の成功を前にすると、うわべの華やかさばかりに目を奪われてしまいがちですが、その裏には血のにじむような努力が隠れています。

栄光、合格、勝利、病気の治癒など、それらすべてに共通しているのは、その裏側には耐えがたいような苦しみと単調さが存在しているということです。言いかえれば、この「fruitful monotony（実りある単調）」の先にしか成功はないのです。

そうは言っても、気持ちは簡単になえてしまうものです。

そんなときには、一一九ページでご紹介した「人生の目的」「マイルストーンとなる目標」「心のニーズ」を思い出してください。そして、何のために今これを行っているのかを折に触れて確認すれば、ともすると無意味に思えてしまう単調な作業に意味を与えることができます。

この意味づけこそ、私たちのモチベーションを支え続けてくれるものなのです。

逃げたりあきらめたりという短期のラクを選択すれば、遅かれ早かれいつかは、自己嫌悪と後悔と自責の念に襲われます。常に中長期の視点に立ち、白無地のジグソーパズルのような今の苦労を楽しんでください。

断言します。

「fruitful monotony（実りある単調）」は絶対に私たちを裏切ることはありません。その一方で、手を抜くと数年後には、ものすごく手痛いしっぺ返しを喰《く》らうことになります。

イソップ寓話《ぐうわ》の「アリとキリギリス」を思い出してください。あれは現実の話そのものなのです。

私は同業者から、ちょっと皮肉っぽく言われることがあります。

「内田さんは定期的に本を出すなど、セルフプロモーションに抜かりがないですね」

もしかしたら彼らは私に何か特別な才能があって一夜にして原稿を書き上げていると思っているのかもしれませんが、実情はそれほど甘いものではありません。

本は形としては小さな一冊ですが、完成までのプロセスは白無地のジグソーパズルと同様に気が遠くなるような単調な作業の連続です。恐ろしいほど地味で、砂をかむような味気ない作業の積み重ねが、一冊の本という結晶になっているのです。

ちょっとしたコツで単調さを耐え抜くことができる

結果の構成要素に目を向け、そこにちょっとした仕掛けを講じることによって、私たちはこの「fruitful monotony（実りある単調）」に耐えることができるようになります。

結果の構成要素は三つあります。
① まずは「良い結果」か、それとも「悪い結果」か
② その結果に至るまでの「プロセスが長い」か、それとも「短い」か

③その結果を手にする（またはそんな結果になってしまう）「実現性（可能性や危険性）が高い」か、それとも「低い」か

質問があります。

どの組み合わせだったら、がんばれそうですか。

良い結果が見込まれ、そこまでのプロセスが短く、しかも可能性が高ければ、がんばれますよね。

ちなみに、その反対、悪い結果が見込まれ、そこまでのプロセスが長く、危険性が低いと、私たちは、がんばれなくなります。場合によっては、がんばろうという気にもなれなくなります。

実は勉強やスポーツの練習、ダイエットを難しくしている理由も、ここにあります。具体的に説明します。

たいてい親も教師も勉強しないと受験に失敗するよとか成績が下がるよとか言って、まずは悪い結果をイメージさせます。ダイエットも同様に、そんなふうに甘いものばっかり食べて、ゴロゴロしてばかりで運動もしないと太っちゃうよと悪い結果をイメージ

させます。

そしてプロセスも長いです。受験であれば、そのプロセスは一年以上。体重に関しても同様で一日や二日で激太りするわけではなく、いつでも取り戻せるというくらいにジワジワと体重が増えていきます。

あまり勉強していなくても、たまたまヤマが当たって良い成績が取れることもあります。とても一生懸命に勉強しているようには見えないのに、涼しい顔をしてラクラク一流大学に合格してしまう人もいます。ダイエットも同じです。あなたと同じくらい、いえいえそれ以上に甘いものをガンガン全く気にせず食べているのに、モデルのようにスリムな体型の友達もいるはずです。

実際のところ、勉強しなくても成績が下がらないこともあるし、暴飲暴食したからといって、必ずしも太るわけではないのです。つまり、危険性が低いわけです。

このように「①悪い結果が見込まれる」「②プロセスが長い」「③危険性が低い」は、がんばれない組み合わせになります。

本題のがんばれる方に話を戻します。

良い結果が見込まれ、そこまでのプロセスが短く、しかも実現可能性が高ければ、やってみようかなという気にもなれますし、実際に、がんばり続けることができます。

それでは、例えば勉強であれば、どんな工夫をすればよいと思いますか？

答えは、古典的な方法ではありますが、単元ごとの小テストです。これに関しては、教師を相手に研修や講演をするときにも必ずお願いしています。

「千里の道も一歩から」と言われるように、単元ごとの小テストを繰り返すことによって、体系的な学力を構築することができます。この古典的な方法が学力向上には最も効果的だと断言できます。

そして、これはレジリエンスを高めるだけでなく、二九ページでもご紹介した「グリット（grit）」を育むことにもなります。

「大戦を始める前に、小さな戦いで勝利し、味方の士気を高めるというのは兵法の基本である」と言われています。受験という大戦を前にして、小テストをバカにしてはいけません。

恐らく皆さんは地味な小テストが大嫌いで軽視していると思います。でも、こうやって論理的に小テストの意味づけがされると、小テストに対する見方も変わってくるのではないでしょうか。

小テストの範囲なら、やる気なんて必要ないのです。「やる気」などという当てにならないものを待っていても仕方ありません。やる気にならなくてもいいから、実際に始めてみるだけです。

何事も初動に最もエネルギーがかかりますが、始めてしまえば、自然に軌道に乗ってきます。つまり、とりあえず始めてみれば、三要素の連動性により、「やる気スイッチ」もONになるのです。

カルテ⑤　なかなか人に頼れないEさん

症状：過度の過信または断られることへの不安から他人に頼ることをせず孤立しがち。その結果、問題を解決するための策が見つからず途方に暮れるという、いわゆる「どつぼ」にはまった状態から抜け出せなくなり、孤独にもがき苦しんでいる。

過信と不安が同居しているケースもある

今となっては克服しつつありますが、私も人に頼るのが苦手です。

第1章の二七ページでも書きましたが、私はもともとメンタルが弱い人間です。その原因はレジリエンスを弱めてしまう「考え方」にありました。

私はずっと親との関係があまり良好ではなかったので、かなり早い時期から自立心が強く、なるべく早く一人暮らしを始めたいと思っていました。この考えは自分の成長に役立ってきたと思っています。

しかし、その一方で二分化思考が強く、過去には依存か自立かという両極端の考えしか持ち合わせていない時期もありました。もちろん成長のためには、独力でギリギリまでがんばることは、とても大切なことです。

ただ、どんなに困っても人に助けを求めてはいけない、絶対に弱音を吐いてはいけないという自立のみを尊重する考え方は、決してプラスにはなりません。

かつて私の中には「私は絶対に人に頼らずに生きていける。私にとって人に頼ることは負けを意味する」という訳の分からない過信というか強がりがありました。これは完璧主義から派生した考えであり、それが私を生きづらくさせ、私のレジリエンスを弱めていたのも事実です。

人一倍強い自立心の裏返しでもあったと思いますが、私はもともと気ばかり強くて、教師からすれば、いわゆる「扱いにくい生徒」の典型でした。競争心が極端に強かったせいもあり、社会的制裁として、私はクラスの全員から完全無視をされることも多かったのです。

そういった経験がトラウマになっていて、私は人から拒まれることに、ものすごく強い恐怖心を持っています。NOと言われるのが恐く、その結果、人を何かに誘ったり、サポートをお願いするのが今でも苦手です。

私の経験からも言えることですが、いわゆる「どつぼ」にはまり苦しんでいるとき、「自分だけで何とかしよう」という考えは、とても危険です。

また、「自分だけが大変なのだ」と思ってしまうと、より孤立感を強め、それがレジリエンスを弱める原因にもなり、立ち直りを極端に遅らせてしまいます。

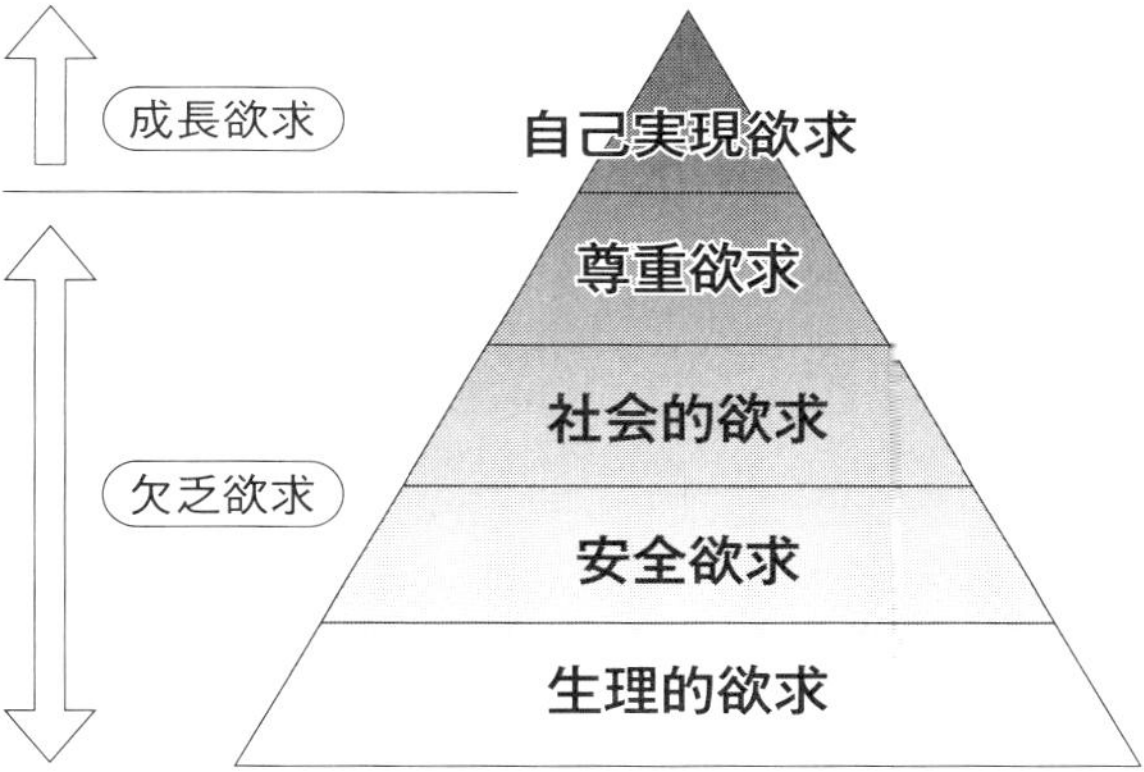

マズローの五段階欲求説

マズローの五段階欲求説にみる「頼ること」と「頼られること」の大切さ

アメリカの心理学者アブラハム・マズローが提唱した五段階欲求説をご存知ですか。

マズローの五段階欲求説では、人間の欲求は図のように五段階のピラミッドのように構成されていて、その欲求には優先度があり、低階層の欲求に対する充足度が増すと、より高次の階層を求めるようになると考えられています。

第一段階は「生理的欲求」です。

これは生命を維持するのに必要不可欠な食事、睡眠、排泄《はいせつ》など本能的かつ根源的な欲求と言えるものです。この欲求が満たされるようになれば、次の階層を求めるようになります。

第二段階は「安全欲求」です。

生命を維持するには食べ物に加え、暑さや寒さをしのぐ衣服や住居が必要になります。また、他者からの肉体的そして精神的な迫害からも解放された状態を確保したいと考えるようになるでしょう。安全で安心できる生活をしたいという欲求です。

これが満たされるようになると、次の階層への欲求が強まります。

ここまでは、いわゆる衣食住という最小限必要とされる物質的な欲求が中心となります。これは人間だけでなく、すべての生き物が求める欲求とも言えるでしょう。

第三段階は「社会的欲求」です。

人間は社会的動物であり、お互いが協力し合うことによって繁栄してきました。

物質的な欲求が満たされるようになれば、当然、人は仲間がほしくなり、また家族を始めとした集団に属したいという欲求が生まれます。

孤立から解放されることは、精神的な安定の第一ステップとなるのです。

この精神的な安定が次の欲求へとつながっていきます。

第四段階は「尊重欲求」です。

仲間や集団から価値のある存在として認められ、尊重されたいという欲求です。

この欲求が満たされると、さらなる精神的な安定へとつながります。

私たちは誰かからサポートを求められたとき、悪い気はしないはずです。

その理由は、人から頼りにされるということは、自分の存在価値や能力が認められている証拠であり、この第四の欲求が満たされることになるからです。

私自身、これを知ることによって、人に頼ることへの抵抗が薄れ、以前と比べ自分から積極的にサポートを求めることができるようになりました。

そして、これは困っているケースに限りません。正反対の順調なときでさえ、友人や支援者からサポートを受けることができれば、その順調さは、ますます加速することになるでしょう。

さらに「相手を頼り、また相手からも頼られる」という相互にサポートし合える人間関係にまで発展できれば、苦労や苦しみは半減し、喜びや可能性や勇気は倍増するはずです。

そして、この相手を頼り、また相手からも頼られるという相互関係は、前項で述べた「①自分だけで何とかしようとする」「②自分だけが大変なのだと思ってしまう」という二つの問題となる思考をも解決してくれるのです。

ここまでの四階層は「欠乏欲求」ともいわれていて、人はこれらの欲求が充分に満たされていないと不安や緊張を感じます。

反対にこの四階層が満たされていれば、安心感が生まれ、それがさらに高次の欲求を刺激してくれます。高まったレジリエンスが私たちの背中をそっと押してくれるのです。

第五段階は「自己実現欲求」です。

自分が持つ能力を最大限に発揮し、自分の可能性に挑戦しようという欲求です。いつでも頼っていいんだという安心感は、私たちを恐怖や不安や危機感から解放してくれます。安心してチャレンジできる状況にあると、第五の欲求が強くなります。

この第五の欲求は、自分軸（人生の目的、マイルストーンとなる目標、心のニーズ）にズバリ関係してくる部分です。第五の欲求が満たされている状態とは、「心のニーズ」が満たされた最高の状態と言えます。

「欠乏欲求」ともいわれる第一〜第四の欲求を充分に満たし、一日でも早く「成長欲求」ともいわれる別次元の「自己実現欲求」に意識を集中し、このピラミッドの頂点に至るまでの階段を最上段までのぼりつめるためにも、適宜、人に頼ることはとても大切なことなのです。

セルフコントロールに関する処方は応用範囲が広い

本章では、セルフコントロールに関する代表的な五つの症例を挙げ、その処方をご紹介してきました。

ポイントは以下の五点です。

①マインドフルネスの実践
②主体者意識を持つ
③マイナスの感情をポジティブな行動のエネルギー源にする
④意味づけをしたり、結果の構成要素に仕掛けを講じることによって「fruitful monotony（実りある単調）」に耐える

⑤困ったときにはサポートを求める。さらには、お互いに頼り頼られる（お互いに支え合う）人間関係を構築する

本章で扱った事例の他にもセルフコントロールに関する問題はあるはずです。

また、人生第一の危機にある皆さんが抱える問題は、セルフコントロールに関する問題以外にも、たくさんあることでしょう。

本章でご紹介した①〜⑤の処方箋《せん》はそれぞれの症例に限定して効果を発揮するだけではなく、これからも私たちに押し寄せるであろう様々な困りごとに効果的に対処できる「やり方」または「考え方」として非常に応用範囲が広いものです。

例えば、①に関しては、勉強やスポーツの練習前に習慣的に行えば、集中力の発揮に役立ちます。また、試験や試合の前に行えば、本番や大舞台で本来の実力を存分に発揮できるようになるはずです。

②〜④は、物事が滞ってしまい、気持ちを新たにしなければならないようなときに活用してみてください。

また「グリット（grit）」にも深く関連します。②〜④を実践することによって、とか

くなえてしまいがちな気力をリセットすることができ、粘り強く物事に取り組めるようになるはずです。

⑤に関しては、パートナーシップやチームワークを始めとしたコミュニケーション全般に関する諸問題に広く応用できます。一人より二人、二人よりチームで物事に取り組めば、一人で問題に取り組むより、苦労は少なくなり、感動や喜びは増します。

また、「より早く」「より確実に」「より高いレベル」で目標を達成することができるようになるはずです。

あとがき

『トム・ソーヤーの冒険』の作者として知られる米国の小説家マーク・トウェインは「今から二〇年後、あなたはやったことよりもやらなかったことを後悔するだろう」と言っています。

二〇年後なんていう気の遠くなるような未来を、きっとあなたは想像することもできないでしょう。

でも、あっという間ですよ。

このおっさん、最後の最後に、何をアホなことを言ってるんだと思われてしまうでしょうが、私の場合、ある朝、起きたら突然、四八歳の中年オヤジになっていました。

それくらいに速かった。

嘘だと思ったら、親や先生など、身近なおじさんやおばさんに聞いてみてください。

本当に、あっという間にときは流れていきます。

歳を取れば取るほど、ますます時の流れは加速します。それは小学校時代と今の時間の流れの速さが明らかに違うことからも想像できるはずです。

二〇年どころか、三〇年という年月が、一夜にして過ぎ去ってしまったくらいに私は感じていて、置き去りにされたもう一人の私は、常に一六〜二〇歳くらいを行ったり来たりしています。あまりに時の流れが速すぎて、実際の時間の経過とそれに伴う肉体の衰えや外見の劣化に、心がついていけないのです。

私は命が保証されているのなら、つまり死の危険がないのなら、積極的にリスクを取るべき（チャレンジするべき）だと思っています。

たとえ親に反対されたとしても、絶対に自分の本心に嘘をついてはいけない。

そして何より、やってもみないうちから無理だとあきらめてしまうなんて、一番もったいないことです。

ノーベル文学賞を受賞したバーナード・ショーは「真の自由とは、自分の好きなことが出来るという事であって、何もしないことではない」と言っています。

季節の移り変わりを思い出してください。

季節に喩《たと》えるなら、皆さんの人生は、今、初夏か盛夏に該当するはずです。盛夏といわれる夏の真っ盛りは、意外なほど短いものです。

ふと気づけば、空の青さや雲の様子は変わり、夕日に映る影は長くなっています。いつの間にか、朝晩は、肌寒く感じる日が増え、昼間でも、吹く風にどこか涼しさを感じるようになります。

人生も同じです。

今、皆さんは、この若さと気力、体力が永遠に続くと思っているかもしれませんが、季節と同じように、やがて夏は終わり、その後には必ず秋と冬がやってきます。これは誰にも止めることができない自然の摂理です。

二度と訪れることのない貴重な青春時代を無為に過ごすことは罪です。

よく大人たちは「何かを手にするには何かを犠牲にしなくてはならない」と言います。私から言わせれば、これほど誤った思い込みはありません。

気力と体力が最も充実した今こそ「心のニーズ」を満たしてくれる「好きなこと」そして「やりたいと思っていること」には何でもチャレンジするべきです。

やりたくないことをしているとき、もちろんストレスになります。

でも、やりたいことができていないとき、もっともっとストレスになります。

やりたいことが全部できているとき、私たちは最も自分らしい状態になれます。

「二兎《にと》を追う者は一兎《いっと》をも得ず」「虻蜂《あぶはち》取らず」など日本には欲張ることを戒める諺《ことわざ》が存在します。これは慎み深い日本人の美徳のあらわれとも言えますが、美徳を追求するあまりに遠慮しすぎて、二〇年後に後悔するようなことになっては元も子もありません。

もちろん何でもかんでも手当たり次第に食い散らかして、すべて中途半端というのは困りものですが……。

私のこれまでの人生は「居場所」を見つけるための闘いでした。

かつての私は、自分らしく自由奔放《ほんぽう》に振る舞うと必ず周囲から疎まれてしまい、どこにも私の「居場所」がなく、すごく生きづらかったです。それは物心ついてからサラリーマン時代まで、ずっと続きました。

会社勤めを辞めて、英語塾を経営するようになってからは、少しだけ息苦しさがやわらいだのですが、それでも、まだ自分の中に何か違和感がありました。

私は三一歳の時、離婚をして、すべてを失いました。ちょっと遅かったかもしれませんが、それを機に、たった一度きりの人生なので、死ぬときに後悔しないように、やりたいことは全部やり尽くそうと決めました。

その後、天職とも言える今の仕事に就いて、ようやく自分の「居場所」を獲得できたような気がしています。至極しっくりするのです。

ただ、ここに至るまで、いろんなことに挑戦しては失敗し、恥をかいてきました。いわれのない誤解、耐えられないくらいの惨めな思いや屈辱、抑えきれない怒り、乗り越えられそうもない試練、二度と立ち直れないような挫折、一生いやされることがないのではないかというくらいの哀しみ……、思い出すだけでも辛いこと、恥ずかしいことをたくさん経験してきました。

そんななか、身につけた魔法の呪文が私にはあります。

「今がゴールではない」

これを唱えると不思議と楽になれるんです。

辛いことや嫌なことが続き心が折れそうになったとき、これは私が成功というゴールテープを切る瞬間を、よりいっそう感動的なものにしてくれるために用意された演出なんだと思うようにしました。

今後、挑戦を続ける皆さんには、必ず失敗や挫折がついてまわります。

作家ジェリー・ミンチントンは言っています。

「ミスを犯した自分を厳しく責めるのではなく、そのミスから学ぶことを心がけよう。ミスを犯さない人がいるとすれば、それは何もしない人だけである」

失敗や挫折は、いったん立ち止まり、そこから学ぶ機会を私たちに与えてくれます。そして、私たちをより強くしてくれるのです。

実際に失敗や挫折を経験し、それを乗り越えていくことによってしか、私たちはその対処法を身につけることはできません。失敗や挫折と向き合うのが早ければ早いほど、これからの人生でたびたび訪れることになる避けられない困難にうまく対処できるようになるのです。

アメリカンフットボールの名コーチとして知られるルー・ホルツは言いました。

「人生は、その一〇%は私に何が起こるかであり、九〇%はそれにどう対処するかだ」

私たちは自分の身に降りかかる出来事を選ぶことはできません。でも、その出来事をどうとらえ、どう対処するかは自分で選べます。そして、その解釈と行動が、その後の人生を決定していくのです。出来事なんかに翻弄されている暇はありません。

最後までお読みいただき、ありがとうございます。

人生の醍醐味《だいごみ》は、誰かとの比較ではなく、「生まれてきてよかった。生きてて本当によかった」と心の底から思える瞬間を、どれだけ多く体験できるか。それに尽きると思います。

皆さんが自分らしい明るい未来を切り開くための一助として本書を活用していただければ、これほどの喜びはありません。

JASRAC出1606137-601

ちくまプリマー新書

226
何のために「学ぶ」のか
——〈中学生からの大学講義〉1
外山滋比古
前田英樹
今福龍太
大事なのは知識じゃない。正解のない問いを、考え続けるための知恵である。変化の激しい時代を生きる若い人たちへ、学びの達人たちが語る、心に響くメッセージ。

227
考える方法
——〈中学生からの大学講義〉2
永井均
池内了
管啓次郎
世の中には、言葉で表現できないことや答えのない問題がたくさんある。簡単に結論に飛びつかないために、考える達人が物事を解きほぐすことの豊かさを伝える。

228
科学は未来をひらく
——〈中学生からの大学講義〉3
村上陽一郎
中村桂子
佐藤勝彦
宇宙はいつ始まったのか？　生き物はどうして生きているのか？　科学は長い間、多くの疑問に挑み続けている。第一線で活躍する著者たちが広くて深い世界に誘う。

229
揺らぐ世界
——〈中学生からの大学講義〉4
立花隆
岡真理
橋爪大三郎
紛争、格差、環境問題……。世界はいまも多くの問題を抱えて揺らぐ。これらを理解するための視点は、どうすれば身につくのか。多彩な先生たちが示すヒント。

230
生き抜く力を身につける
——〈中学生からの大学講義〉5
大澤真幸
北田暁大
多木浩二
いくらでも選択肢のあるこの社会で、私たちは息苦しさを感じている。既存の枠組みを超えてきた先人達から、見取り図のない時代を生きるサバイバル技術を学ぼう！

ちくまプリマー新書

238
おとなになるってどんなこと？ 吉本ばなな
勉強しなくちゃダメ？ 普通って？ 生きることに意味はあるの？ 死ぬとどうなるの？ 人生について、生まれてきた目的について吉本ばななさんからのメッセージ。

002
先生はえらい 内田樹
「先生はえらい」のです。たとえ何ひとつ教えてくれなくても。「えらい」と思いさえすれば学びの道はひらかれる。――だれもが幸福になれる、常識やぶりの教育論。

028
「ビミョーな未来」をどう生きるか 藤原和博
「万人にとっての正解」がない時代になった。勉強は、仕事は、何のためにするのだろう。未来を豊かにイメージするために、今日から実践したい生き方の極意。

067
いのちはなぜ大切なのか 小澤竹俊
いのちはなぜ大切なの？――この問いにどう答える？ 子どもたちが自分や他人を傷つけないために、どんなケアが必要か？ ホスピス医による真の「いのちの授業」。

099
なぜ「大学は出ておきなさい」と言われるのか――キャリアにつながる学び方 浦坂純子
将来のキャリアを意識した受験勉強の仕方、大学の選び方、学び方とは？ 就活を有利にするのは留学でも資格でもない！ データから読み解く「大学で何を学ぶか」。

ちくまプリマー新書

074
ほんとにこわい「やさしさ社会」
森真一

「やさしさ」「楽しさ」が善いとされ、人間関係のルールである現代社会。それがもたらす「しんどさ」「こわさ」をなくし、もっと気楽に生きるための智恵を探る。

079
友だち幻想
――人と人の〈つながり〉を考える
菅野仁

「みんな仲良く」という理念、「私を丸ごと受け入れてくれる人がきっといる」という幻想の中に真の親しさは得られない。人間関係を根本から見直す、実用的社会学の本。

135
大人はウザい！
山脇由貴子

すれ違う子どもの「気持ち」と大人の「思い」。願望、落胆、怒り、悲しみなど、〝ウザい〟という言葉に込められたメッセージを読み取り、歩み寄ってみませんか？

156
女子校育ち
辛酸なめ子

女子100%の濃密ワールドの洗礼を受けた彼女たちは、卒業後も独特のオーラを発し続ける。文化祭や同窓会潜入も交え、知られざる生態が明らかに。LOVE女子校！

188
女子のキャリア
――〈男社会〉のしくみ、教えます
海老原嗣生

女性が働きやすい会社かどう見極める？ 長く働き続けるためにどう立ち回ればいい？ 知って欲しい企業の現実と、今後の見通しを「雇用のカリスマ」が伝授する。

ちくまプリマー新書

236
〈自分らしさ〉って何だろう？
——自分と向き合う心理学
榎本博明

青年期に誰しもがぶつかる〈自分らしさ〉の問題。答えを見出しにくい現代において、どうすれば自分らしく生きていけるのか。「自己物語」という視点から考える。

102
独学という道もある
柳川範之

高校へは行かずに独学で大学へ進む道もある。通信大学から学者になる方法もある。著者自身の体験をもとに、自分のペースで学び、生きていくための勇気をくれる書。

126
就活のまえに
——良い仕事、良い職場とは？
中沢孝夫

世の中には無数の仕事と職場がある。その中から、何を選ぶのか。就職情報誌や企業のホームページに惑わされず、働くことの意味を考える、就活一歩前の道案内。

240
フリーランスで生きるということ
川井龍介

仕事も生活も自由な反面、不安や責任も負う覚悟がいるフリーランス。四苦八苦しながらも生き生きと仕事に取り組む人たちに学ぶ、自分の働き方を選び取るヒント。

120
文系？　理系？
——人生を豊かにするヒント
志村史夫

「自分は文系（理系）人間」と決めつけてはもったいない。素直に自然を見ればこんなに感動的な現象に満ちている。「文理（芸）融合」精神で本当に豊かな人生を。

ちくまプリマー新書

183
生きづらさはどこから来るか
――進化心理学で考える
石川幹人
現代の私たちの中に残る、狩猟採集時代の心。環境に適応しようとして齟齬をきたす時「生きづらさ」となって表れる。進化心理学で解く「生きづらさ」の秘密。

152
どこからが心の病ですか?
岩波明
心の病と健常な状態との境目というのはあるのだろうか。明確にここから、と区切るのは難しいが、症状にはパターンがある。思春期の精神疾患の初期症状を解説する。

201
看護師という生き方
宮子あずさ
看護師という仕事は、働く人の人間性に強く働きかけ、特有の人生を歩ませる。長く勤めるほど味わいが増すこの仕事の魅力に職歴二六年の現役ナースが迫る。

249
生き物と向き合う仕事
田向健一
獣医学は元々、人類の健康と食を守るための学問だから、動物を救うことが真理ではない。臨床で出合った生き物たちを通じて考える命とは、病気とは、生きるとは?

051
これが正しい! 英語学習法
斎藤兆史《よしふみ》
英語の達人になるには、文法や読解など、基本の学習が欠かせない。「通じるだけ」を超えて、英語の楽しみを知りたい人たちへ、確かな力が身につく学習法を伝授。

ちくまプリマー新書

001
ちゃんと話すための敬語の本
橋本治

敬語ってむずかしいよね。でも、その歴史や成り立ちがわかれば、いつのまにか大人の言葉が身についていく。これさえ読めば、もう敬語なんかこわくない！

052
話し上手　聞き上手
齋藤孝

人間関係を上手に構築するためには、コミュニケーションの技術が欠かせない。要約、朗読、プレゼンテーションなどの課題を通じて、会話に必要な能力を鍛えよう。

076
読み上手　書き上手
齋藤孝

入試や就職はもちろん、人生の様々な局面で読み書きの能力は重視される。本の読み方、問いの立て方、国語の入試問題などを例に、その能力を鍛えるコツを伝授する。

153
からだ上手　こころ上手
齋藤孝

「上手」シリーズ完結編！「こころ」を強くし、「からだ」を整える。さらにコミュニケーション能力が高くなる「〝対人体温〟をあげる」コツを著者が伝授します。

096
大学受験に強くなる教養講座
横山雅彦

英語・現代文・小論文は三位一体である。本書では、それら入試問題に共通する「現代」を六つの角度から考察することで、読解の知的バックグラウンド構築を目指す。

ちくまプリマー新書

224
型で習得！　中高生からの文章術
樋口裕一
小論文・作文・読書感想文・レポート・自己PR書など、学校や受験で必要なあらゆる種類の文章を簡単に書くコツを「小論文の神様」の異名を持つ著者が伝授。

232
「私」を伝える文章作法
森下育彦
書き言葉には声音や表情や身振りがない。自分らしく、自分の言葉で書くにはどうすればいいのか？　ちょっとした工夫と準備で誰でも身に付く文章作法を紹介！

233
世界が変わるプログラム入門
山本貴光
新しいコンピュータの使い方を発見しよう！　たかが技術と侮るなかれ。プログラムの書き方を学べば世界を変えられるし、世界も違って見えてくる。

235
本屋になりたい
——この島の本を売る
宇田智子
高野文子絵
東京の巨大新刊書店店員から那覇の狭小古書店店主へ、沖縄の「地産地消」の本の世界に飛び込んだ。仕事の試行錯誤の中で、本と人と本屋について考えた。

086
若い人に語る戦争と日本人
保阪正康
昭和は悲惨な戦争にあけくれた時代だった。本書は、戦争の本質やその内実をさぐりながら、私たち日本人の国民性を知り、歴史から学ぶことの必要性を問いかける。

ちくまプリマー新書 262
レジリエンス入門《にゅうもん》 折《お》れない心《こころ》のつくり方《かた》

二〇一六年九月 十 日 初版第一刷発行
二〇二五年二月二十五日 初版第六刷発行

著者 内田和俊（うちだ・かずとし）
装幀 クラフト・エヴィング商會
発行者 増田健史
発行所 株式会社筑摩書房
東京都台東区蔵前二－五－三 〒一一一－八七五五
電話番号 〇三－五六八七－二六〇一（代表）
印刷・製本 株式会社精興社

ISBN978-4-480-68967-2 C0211 Printed in Japan